影视艺术专业精品课系列教材

中外电视节目解析

ZHONGWAI DIANSHI JIEMU JIEXI

周 榕 方 俊／编著

中国传媒大学出版社
·北京·

目 录

第一章　中外电视媒体的运行体制与管理模式

本章学习要点

- 中外电视媒体的三种运行体制
- 中外电视媒体的三种管理模式

对于各国的电视事业来说，电视媒体的运行体制是依据国情和制度而建立起来的所有制形式，而管理模式则是保障电视媒体有效工作和经营的组织与结构方法。每个国家的电视媒体的运行体制与管理模式有着不同的特点，这主要取决于国家不同的社会制度、国家对电视事业进行管理的法律和行政措施、对电视事业的所有权和经营权的规定以及电视媒体机构组织的方法和遵循的路线、方针和政策等。综合来看，电视媒体经过近百年的发展，在全球范围内已经形成了三种主要的运行体制：一种是以私有制为主体的商业化运行体制，以美国为代表；一种是公私兼顾的双轨制运行体制，主要以西欧各国和日本为代表；还有一种是完全国有的有限商业运行体制，以中国为代表。世界上大多数国家的电视运行体制都以上述三种体制为基础，或者进行一定的变形。依据这三种运行体制，电视媒体的管理模式大致包括私营的董事会领导制、公营的社会化领导制和国有的政府领导制度。本章中，我们将对这“三制三模”进行详细解读。

第一节　电视媒体的三种运行体制

世界上三种主流的电视媒体运行体制适应于不同国家的社会制度和意识形态，它们代表的是不同的利益群体，与各国的国情紧密相连，从而产生了各自不同的特点。

一、以私有制为主体的商业化运行体制

这种运行体制一般强调电视媒体的独立运作和自主经营，这意味着电视台要自负盈亏，因此广告收入成为主要的财源，整体上呈现出商业化的特点，这种电视运行体制以美国为代表。

美国的商业电视以丰富的节目内容、优秀的节目质量、创新的节目形态、灵活多变的传播渠道等特点深深吸引着观众，占据了主要市场。其中，美国广播公司（American Broadcasting Corporation）、美国全国广播公司（National Broadcasting Company）和哥伦比亚广播公司（Columbia Broadcasting System）是美国三大老牌的广播电视公司，除此之外，还有福克斯公司（FOX）、哥伦比亚华纳公司（CW）、HBO、Showtime 等商业电视网和电视频道在源源不断地为观众提供电视节目。商业化运行体制主要体现出以下四个基本特点：

第一，商业利润是电视台的终极目标。私营电视台完全依靠自主经营，因此利润成为它的命脉。广告商在一定程度上会为考虑投资效果而对节目施加影响，电视台也必须向那些大企业、大财团、大银行靠拢，成为资本家的利益代表。

第二，电视台以收视率作为获得广告收益的砝码，因此收视率成为电视台的直接目标，是所有节目的生命线。收视率越高，能够吸引的广告客户就越多，广告收益也就越多。所以，为了博得观众的眼球，商业电视台会通过各种手段去挖掘电视节目的市场价值，有时候甚至会忽视其产生的社会影响，使节目走向媚俗、低级的旋涡中。不过美国在 1997 年 1 月开始实施电视节目分级制度，在一定程度上规避了电视节目中的不良因素对少年儿童造成的负面影响。

第三，不受政府的直接管控。商业电视台为私人所有，为了避免政府的影响，电视台在政治上往往采取超然独立的立场，没有义务为政府进行宣传，而政府也没有权力向电视台发出指令或对节目进行干预。美国历史上就有许多政治丑闻都是由电视媒体曝光的。政府需要借助主流电视媒体向国内外公众阐述政见，进行政治宣传，因此很多时候政府官员轻易不敢“得罪”媒体，像特朗普这样在就职以来持续不断地直接与美国有线电视新闻网（CNN）、美国全国广播公司等主流电视媒体对骂的总统在美国历史上实属少见。

第四，垄断与自由竞争并存的电视媒体市场。美国几家大型广播公司，如上文提到的美国广播公司、哥伦比亚广播公司、美国全国广播公司、福克斯公司等实力雄厚、技术先进、经验丰富、群英荟萃，几乎控制了美国大部分的受众市场，形成了一定的垄断局面。然而，这几家公司之间以及与其他中小型电视媒体之间一直在为争夺

收视率而进行着激烈的“断杀”，体现出优胜劣汰的残酷性。

除了商业化的电视媒体，美国也有公共广播电视台。公共广播电视台一般不依赖于广告收益，而是以收取公共视听费或以社会资助、政府补贴为资金来源，以此消除市场与商业的影响，最终为公共利益与社会责任服务。美国公共广播电视的发展始于1967年，以联邦通信委员会通过的《公共广播法》为标志。美国公共电视台（PBS，全称 Public Broadcasting Service，也被译为美国公共电视网）就是美国典型的公共电视机构，成立于1969年，总部设在维吉尼亚州阿灵顿县。但是，美国的公共及非商业广播电视业始终面临着商业广播电视业的强烈冲击，在收视率、影响力等方面都处于劣势。1996年2月8日，美国通过了具有重大影响力的《1996年电信法》，该法律放宽了对私营广播电视台的种种限制，再次推动了美国电视业运作的商业化进程。

二、公私兼顾的双轨制运行体制

公私兼顾的双轨制运行体制指的是在一个国家中既有商业电视机构，也有公共电视机构，并且两者势均力敌、双轨并行、共同发展。这种电视媒体运行体制主要出现在西欧、日本等国。其实，西欧大部分国家的电视运行体制在20世纪80年代以前以单一的公营电视台为主，从80年代初开始，这些国家先后出现了电视私营化的现象。究其原因，一是当时的英国首相撒切尔夫人上台，掀起了私有化浪潮，将许多国有企业都转变为私有制，二是当时的电视节目无法满足观众的需求，关于“开放电视业”的要求越来越强烈。于是公营电视一统天下的局面被攻破，西欧、日本等国的电视业私有化脚步不断推进，到如今已经形成公营电视与私营电视并存的双轨运行体制。

英国除了公营的英国广播公司（BBC）以外，独立电视台（ITV）是英国最大的商业电视台，近年来制作了许多优秀的电视节目，如现象级恋爱真人秀节目《爱之岛》，据悉在最新一季中，有超过600万观众通过电视和其他设备收看节目，创下了新的纪录。日本广播协会（NHK）是日本唯一的公营电视台，但是日本五大商业电视台——日本东京广播电视台（TBS）、日本电视台（NTV）、富士电视公司（CX）、朝日电视台（EX）、东京电视台（TX）的实力也十分雄厚，与日本广播协会一起角逐日本电视市场。意大利则形成了公营的意大利广播电视公司（RAI）与民营的菲宁维斯特公司（Fininvest）这两大广电集团的竞争局面。

在公私兼顾的体制中，私营电视台基本按照美国的模式进行商业化运作，公营电视台与国营和私营皆不相同，呈现出一定的独特性。

首先，公营电视台一般由经过政府提名和议会批准的管理机构负责。管理机构一旦成立以后则有权独立负责电视台的运营和一切行动。英国广播公司的正常运行主要依靠两个法律文件，一个是皇家宪章，它确定了英国广播公司的性质、目标、地位，另一个是政府主管大臣（内务大臣）在皇家宪章颁发之后与英国广播公司签订并经议会通过的执照协定。该协定与皇家宪章同时生效，从政治高度规定并保障了英国广播公司的特许经营权和独立报道权。皇家宪章实际上保障英国广播公司在英国经营广播电视并“独立”于政府的特权。①

其次，有些公营电视台会接受政府资助，但主要收入还是来源于视听费。视听费以每台电视机为收费对象，各国的费率不太一样。以日本为例，1950 年，日本政府公布《广播法》，正式确立了日本广播协会特殊的法律地位，规定拥有电视机的家庭等同于自动与日本广播协会签订契约，须按年向日本广播协会缴纳一定数额的视听费。从 2014 年开始，日本广播协会的收费标准（冲绳地区除外）如表 1-1 所示：

表 1-1　日本收视费（含税）

种类		单月	半年预付	全年预付
地面合同	账户・信用卡	1260 日元	7190 日元	13990 日元
	连续汇款等	1310 日元	7475 日元	14545 日元
卫星合同	账户・信用卡	2230 日元	12730 日元	24770 日元
	连续汇款等	2280 日元	13015 日元	25320 日元

这种收视费制度保证了日本广播协会的财务独立和编辑自由。公营电视台依靠公众缴纳的视听费为生，所以基本上不播放广告。公营电视台直接对公众负责，提供不偏不倚的高品质的节目，体现出公平性与公正性的特点。

再次，虽然公营电视台在名义上不受政府的控制和领导，但由于管理机构的成立需要经过政府、议会的通过，某些公营电视台可能还有部分资金来源于政府支持，因此公营电视台在传统上与政府保留着“暧昧”的关系。例如，从表面上，日本广播协会的最高决策机构是经营委员会，由它来负责决定与日本广播协会经营相关的内容与事务，该委员会由 12 人组成，要求必须能对公众福祉做出公正的判断。但实际上，这 12 名日本广播协会经营委员会的成员必须经过参众两院同意后，由内阁总理大臣任命，也就是说首相可以直接影响日本广播协会经营委员会的人事任命。日本前首相安倍在 2013 年 11 月任命的 5 名经营委员中，除一个人是连任外，其余 4 人都是他的“亲信”，包括百田尚树和谷川三千子。2013 年 12 月，安倍又提名籾井胜人担任

① 唐世鼎，黎斌 . 世界电视台与传播机构［M］. 北京：中国传媒大学出社，2005：165.

日本广播协会经营委员会会长，此人与安倍私交颇深，具有浓烈的右翼色彩。这样的经营委员会很难做到完全脱离政府而保持独立的立场，它的决策或多或少都会受到政府的干预。因此，公营电视台在不同的国情与制度之下，与政府的“捆绑”程度有所差异。

最后，对于公营电视台来说，公众利益大于商业利益，因此，它肩负着社会教育、体现民主政治、服务社会公共利益、提高国民文化水平等责任，并将这些追求凌驾于收视率之上，在节目生产上重视时政类、新闻类、社会教育类节目，在娱乐节目中也强调寓教于乐。这在一定程度上避免了电视节目的泛娱乐化、低俗化的商业倾向。例如英国广播公司现行的《皇家宪章》为其设定的公共使命中，就包括维护英国的公民社会、提升英国的教育水平以及促进英国的创造力和优秀文化等内容，英国广播公司的纪录片也一直被称为业界的“良心之作”，不仅没有商业广告，而且花费重金去打造每一部纪录片，带领观众探索未知的世界，在知识性、教育性、文化性、艺术性等方面达到高度统一，风靡全球。当然，不是所有的公营电视台都像英国广播公司这般成功。由于缺乏市场竞争且众口难调，许多公营电视台节目的言论和消息来源过于单一，内容与形式上的创新性较低，缺乏活力与进取精神，在一定程度上降低了观众的收视兴趣。

实施双轨制的初衷是希望通过私营电视台的加入而形成竞争机制，激活电视业的发展，从目前发展情况看，公营电视台和私营电视台的实力不相上下，甚至有些私营电视台灵活多变、创新力强，在市场上占据了更大的份额。

三、完全国有的有限商业运行体制

这种电视媒体的运作体制以中国为代表，这与我国的国家体制和社会形态紧密相关。中国电视事业的蓬勃发展在世界上有目共睹，体现出国有的有限商业运行体制的优越性，这种体制的基本特点是：

第一，中国大陆地区的电视台属于国有。因此，我国电视台与党和政府的联系十分紧密，是党和政府的宣传机构，也被称为党和政府的“喉舌”，其重要职责就是严格把握政治导向，宣传党和政府的重大理论、方针政策，宣传社会主义意识形态、核心价值观，引领社会思潮。

第二，20 世纪 80 年代之前，中国电视台的经费多依靠政府的财政拨款。改革开放之后，中国一切都在进行着热火朝天的改革，其中也包括广播电视领域。中共中央［1983］37 号文件就明确规定：“应采取措施，广辟财源，增加收入——各级广播电视机构的服务公司或服务部，要实行事业单位企业管理。”1988 年 10 月，《全国广播电视厅局长会议纪要》指出："各级广播电台、电视台要主动为各界提供方便，开辟集资合办节目、有偿服务等合作渠道。"[①] 1989 年 2 月，中共广东省委正式批准广东省广播电视厅实行"事业单位企业化管理"的运行体制。[②] 这些政策的推进、措施的执行和观念上的革新，让广播电视的属性悄然发生了变化，从传统的国有国营体制逐步变成了国有的有限商业运行体制，既保证了电视媒体的国有性质，又大大增强了它的营收能力，使广告收入及其他经营与服务的收入不断增多。目前，大部分的电视台已经可以完全做到自主创收、自负盈亏，不再完全依赖政府的财政支援。国家广播电视总局公布的《2018 年全国广播电视行业统计公报》显示，2018 年全国广播电视服务业总收入 6952.14 亿元，比 2017 年增加了 881.93 亿元，[③] 其中，财政补助收入仅有 774.99 亿元，仅占总收入的 11% 左右。

当然，我国的"有限的商业运作"是在一定的范围内进行的，不是美国式的完全商业化运作。首先，电视台不是完全按照市场化运营，也不是完全迎合市场与观众需求，而是将党和政府的宣传任务放在最前面，维护党和政府的方针政策。其次，电视台之间存在着激烈的竞争和对市场的争夺，但是一般只有"优胜劣败"而没有"优胜劣汰"，也就是说，电视台可能会因经营不善而出现各种整改，但不会被关闭或兼并。收益较好的电视台则能够加大节目生产投入、改善职工福利、吸引优秀人才、更新摄录设备等，但也基本不会出现垄断市场的局面。最后，收视率是我国电视台十分看重的指标，但并不是唯一的评判标准，中国的电视节目最先考虑的是社会效益、社会影响与引导舆论的能力，而非经济效益。

综上来看，目前世界上主流的这三大电视媒体运行体制各有优势，也有一定的问题，但都是与国情制度、社会背景、文化传统紧密相连的。需要注意的是，随着时代和国家的发展，电视媒体的运营体制也不是一成不变的，它也在不断改革与进步，赋予电视媒体更广阔的生存空间与更强大的生存能力。

第二节　电视媒体的三种管理模式

与三种所有制形式的电视媒体运行体制相对应的是三种不同的管理模式，它们分

---

① 沈国芳 . 中国广播电视体制改革的几个关键问题［J］. 艺术百家，2006，(6)：50-53.

② 覃倩，覃信刚 . 改革开放以来中国特色广播理论的创新与实践［J］. 中国广播，2018（1）：35-40.

③ 规划财务司 .2018 年全国广播电视行业统计公报［EB/OL］.（2019-04-23）［2020-03-01］.http://www.nrta.gov.cn/art/2019/4/23/art_113_42604.html.

别是私营电视媒体的董事会领导制、公营电视媒体的社会化领导制、国有电视媒体的政府领导制度。管理模式保障了电视机构的有效、高速、稳定的运营。

一、董事会领导制

私营电视媒体的管理模式与一般民营企业一样，多采用董事会领导制。在这样的管理模式之下，股东大会由各种形式的投资主体组成最高权力机构，不仅享有媒体的所有权，而且可以对公司的重大事项进行决策。董事会是股东大会领导下的、公司日常运作的决策机构，享有日常决策权，主要包括人事权、办台方针、预决算和财务分配等。董事长（或总裁）由董事会任命，并代表董事会，是媒体的实际当家人，对外代表电视媒体，对内则享有执行权或管理权，全面负责公司的日常业务活动，例如向董事会提名总经理、总编辑的候选人，对主要业务干部（如经理部、编辑部）等拥有直接任命权，在经营、采编、财务等方面的重大问题上拥有决定权。总经理和总编辑是高级职员，不一定拥有产权，但是受董事会领导，总经理负责媒体经营，全面负责电视台的运转工作，总编辑则主管媒介内容的编辑业务。如图所示：

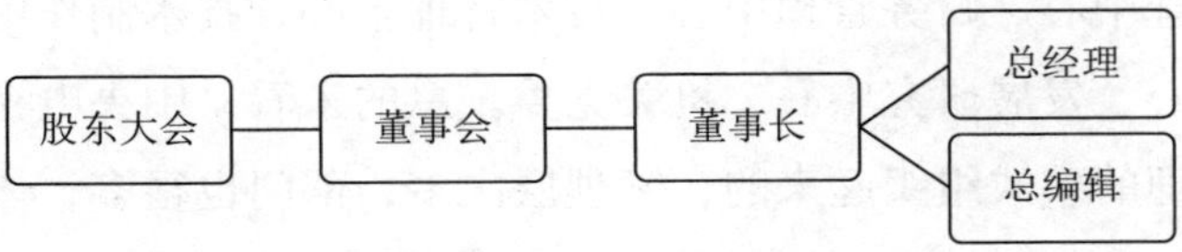

图 1–1　董事会领导制的基本框架

二、社会化领导制

理事会是电视媒体的决策机构，享有决策权，但不享有所有权。公营电视媒体属于社会共有，理事会不单独享有产权，只是像董事会一样享有日常运作的决策权。一般来说，总经理在实践中兼任总编辑和首席行政官二职。他和各部门的总监组成执行委员会，执行委员会是由总经理领导的、协助其工作的机构。

举例来说，英国广播公司虽然是接受政府财政资助的公营媒体，但其管理却是由一个独立于政府以外的监管委员会负责，并且通过《皇家宪章》保障其独立性。监管委员均是社会上有名望的人士，包括苏格兰、威尔士、北爱尔兰和英格兰的首长，由英国首相提名，英国女王委任。监管委员会下辖执行委员会，由不同部门主管组成，负责英国广播公司日常营运工作。[①] 德国广播联盟的管理机构也是如此，由电视台理

① 百度百科 . 英国广播公司［EB/OL］.https://baike.baidu.com/item/%E8%8B%B1%E5%9B%BD%E5%B9%BF%E6%92%AD%E5%85%AC%E5%8F%B8/1102043?fromtitle=bbc&fromid=922.

事会、电视台管理委员会、台长三方共同组成。

三、政府领导制度

在这种制度下，电视媒体由国家与政府所有。台长由上级任命，是电视媒体的总负责人，负责电视媒体的建设发展和日常运行。中国的电视领域实行的是“条块结合、以块为主”的领导体制，“条”是指广播电视系统是自上而下由各级广播电视局组成的系统，“块”是指广播电视局所属的行政区域，也就是说广播电视台主要是以所属行政区域的地方政府和地方党委宣传部的管理为主。

中央电视台（CCTV）是我国的国家电视台和国家副部级事业单位，也是国家广电总局的直属机构。中央电视台分党组是其决策部门，受国家广电总局的领导，所做决策须经国家广电总局党组批准。这体现了中国广电体制下“官办媒体、党管媒体”的鲜明特色。① 目前，中央电视台设24个内设机构：办公室、总编室、新闻中心、综合频道、财经频道、综艺频道、中文国际频道、体育频道、电视剧频道、科教频道、社会与法频道、戏曲和音乐频道、少儿频道、外语频道、大型节目中心、海外传播中心、人力资源管理中心、财务管理中心、技术管理中心、技术制作中心、播出传送中心、资产管理中心、发展研究中心、机关党委。总的来看，中央电视台的组织结构是按照类似行政管理的模式组织起来的，管理层次多，部门也很多，体现了党和政府对媒体高度集中统一管理的特点。

总的来说，电视媒体的管理模式是与其运营体制相匹配的，在不同的运营体制下，管理方式、组织形式、机构配置等方面都有所区别。管理模式对于电视媒体来说极为重要。世界各国的电视媒体也一直在寻求管理模式上的突破与创新，一是为了解决原来管理模式中存在的问题，二是为了让电视媒体的运转更为有效，能够适应市场与观众的需求。

本章思考题

1. 电视媒体的三种运行体制各有什么特点与优势？
2. 电视媒体的运行体制与管理模式之间有何关系？
3. 中国的电视运行体制与管理模式是什么？其原因为何？

---

① 冼致远．中英电视媒体国际传播软实力比较研究［M］．北京：中国传媒大学出版社，2017：90.

第二章　中外电视新景象

本章学习要点

- 电视内容新发展
- 电视市场新动态

随着互联网时代的到来，中外电视迎来了新的挑战和机遇。本章主要介绍电视内容和电视市场出现的新动态。一方面，电视在内容生产上呈现出新的发展与变化：全球化语境下电视节目的世界推广与本土特色、媒体融合时代电视内容的互联网气质、基于公共服务的电视节目公益性追求；另一方面，电视市场也呈现出了新的发展趋势：电视产业的集团化发展、电视媒体的市场化运作加大、电视节目交易市场的兴盛、多渠道经营成为电视产业的新兴盈利模式。中外电视呈现出的新景象成为我们对比中外电视节目的现实情境，对其的介绍能够帮助我们更好地理解和阐释它们之间的异同。

第一节　电视内容新发展

全球化作为人类社会发展的必然趋势，在为全球各国带来经济发展机遇的同时，也加速了各国、各民族之间的交往，并深刻影响着世界政治、经济、文化发展格局和走向。在这一进程中，电视因为具有强大的社会沟通与传播信息的功能而得到了迅猛的发展。不同国家通过电视节目或电视节目模式的引进，播出或制作出类似的电视节目，展现了电视全球化的突出现象。加之互联网时代的到来，促进了媒体融合的发展，互联网的特性也深深嵌入到电视媒体的内容之中。

一、全球化语境下电视节目的世界推广与本土特色

（一）电视内容的世界推广

全球化时代的到来使各国电视内容处在一个既相互影响、相互交融又相互竞争的状态之中，推动了世界范围内电视内容的交流。电视内容的世界推广是指依据某些世界广泛适应认可的观念和模式，制作适合尽量多的各地区人群观看的电视节目。具体来说主要有两方面的表现：

第一，电视节目的内容尽量规避政治和宗教等敏感问题，以便可以适应最广大的世界电视节目市场。比如受世界各地电视市场欢迎的电视剧，大多是以爱情、家庭、职业等中立内容为主题，故事讲究微观叙事。这样能够保障该剧可以在尽可能多的不同政治文化背景的国家播出，而不会受到意识形态等外部条件的影响。

比如美国广播公司（ABC）推出的家庭伦理剧《绝望的主妇》被全球超过 100 个国家及地区的观众收看，曾获得全球最高的电视剧收视率。故事发生在美国的“美景小镇”，从自杀家庭主妇玛丽的视角出发，描绘了五个来自中产阶级家庭的主妇的婚后生活，背景设定在美景小镇的紫藤巷。该剧最打动人心的地方就是女主角们的人格魅力，她们身上有着全球众多地方女性的代表性特质，而让此剧成为经典的也正是这些女性角色的成功塑造。

图 2-1 《绝望的主妇》海报

这部剧中的五位主妇分别是布瑞、勒奈特、苏珊、嘉比、玛丽，她们性格迥异，又有不同的人生阅历。如拥有洁癖的完美式主妇布瑞，是一个追求完美极致的主妇，

对家事专横，要求目及的一切范围都一尘不染，且厨艺精湛。但是在经历了种种变故之后，原本高冷的她真情流露，性格分明；而另一位主妇勒奈特有所不同，她原本在事业上是绝对的女强人，但后来为了家庭当了全职母亲，面对烦琐的家务事，常常心力憔悴。勒奈特的丈夫长时间离家，让她感到孤立无援，但她却往往能在这样的困境中保持乐观、幽默；苏珊是一位儿童作家，她相信一切美好事物，对丈夫百依百顺，但稍显“软弱”，当丈夫出轨后，她依然相信爱情；最后一位女主人公是漂亮性感的嘉比，她的婚姻生活并不是很幸福，她的丈夫只是把她当作装饰品，以为物质生活就能满足她的一切。耐不住寂寞的她，仰仗自己年轻貌美，享受着被追求的快感，结果却惹来一系列的麻烦。这五位主妇的生活经历和现实处境都极具代表性，她们身上浓缩了世界各地主妇们的身影，能够引起不同国度女性的共鸣。

《绝望的主妇》作为美国最受热议的电视连续剧之一，让我们从中可以看到社会发展对人们家庭生活所带来的影响，认识到“主妇们”的生活与理念所发生的转变，是一部能彰显出一定的社会发展现实的跨时空、跨文化的作品。

又如 1994 年在美国全国广播公司（NBC）播出的《老友记》（Friends），被观众认为是历史上最出色的美剧之一，这部陪伴观众数十年的经典情景喜剧共 10 季 236 集。故事发生在纽约曼哈顿的两套公寓和一家咖啡馆内，围绕生活在公寓中的六个普通青年而展开，讲述他们的情感、事业以及生活的喜怒哀乐。他们的生活细节与现实生活高度相似，由此深深地吸引着大批电视观众。

图 2–2 《老友记》海报

《老友记》之所以受到观众的喜爱，除了因为它是一部制作精良的电视作品外，更重要的是它把镜头对准了平凡人之间的情感纠葛，让我们在欢声笑语中仿佛看到了生活中的自己。正如电视剧中的主人公们一样，我们也会因为生活中的情感、事业等多方面问题产生矛盾，甚至闹出笑话。同时，我们也在电视剧里看到了友情的真挚、爱情的魅力和亲情的温暖。正是这样的低姿态，才让它可以没有障碍地被全世界的观众所接受。

不仅仅是电视剧，其他形态的电视节目内容要在全球范围内推广并被各个地区的观众接纳，也必须体现出被各国公众普遍认同的价值理念。例如自 2021 年 4 月开始，我国中央广播电视总台启动直播、短视频等传播方式跟踪拍摄云南 15 头野生亚洲象的“北上”历程，向世界公众展现了我国政府、民众、动物保护专业人士和媒体共同协作，保护大象的过程。世界知名媒体 BBC、《纽约时报》和德国国家电视台等纷纷将我国中央广播电视台的相关节目内容作为信息源，让全世界公众看到了我国政府通过部署无人机和几百名工作人员，既确保大象群的安全，又不打扰大象的正常生活的有效保护措施，见证了我国民众、动物保护专家和媒体工作者的公益之心。这一节目内容之所以在全世界范围内得到广泛认同，正是因为它契合了超越国界的爱护生命、与自然和谐共生的价值理念。

第二，各类电视节目成功的标志不仅是在其本土市场广受欢迎，还在于其他国家对其的模仿和引进。近年来，我国对海外优质电视节目的引进呈直线上升趋势，兴起了引进和购买国外节目模式的热潮。同时，我国也开始不断培育和研发优质的电视节目，并实现电视节目及其模式向海外的销售，拓展了我国电视业的海外影响力。

经典案例一:《60 分钟》和《世界周刊》

《60分钟》是一档被大家熟知的老牌新闻杂志节目，由哥伦比亚广播公司（CBS）制作并播出。作为全美播出时间最长、收视率最高的新闻节目之一，从 1968 年开播至今的《60分钟》已经取得了辉煌的成绩——连续22年位居全美收视TOP10排行榜，并 5 次荣登全美电视节目收视冠军的宝座。《60 分钟》包括 3 篇新闻深度报道和 1 篇新闻评论，主要围绕重大背景下的重要社会问题展开报道和讨论。节目的选材十分宽泛，题材热点跨越国界和意识形态，其风格伴随新闻主题的变化时而严肃，时而轻松诙谐。《60 分钟》与美国其他的电视新闻节目形成鲜明对比，该节目节奏较缓慢，彰显老派风格。但由于《60 分钟》多年来坚持客观公正的专业精神，使其成为美国同类新闻节目的标杆。此外，同名节目也曾在澳大利亚、新西兰、葡萄牙、法国和中国台湾地区制作并播出。

我国与之模式类似的一档栏目——《世界周刊》，是国内唯一一档周播类的国际新闻杂志型深度报道栏目，由中央电视台新闻频道制作播出，节目时长 45 分钟，主要由视频短片、记者采访、演播室评论三个部分串联构成，分为《视线》《人物》《点睛》《故事》四个版块，对一周内发生的国际热点事件进行全方位解读，题材不限、观点中肯、言辞犀利。面对纷繁复杂的信息内容和传播途径，受众很难建立一个清晰的坐标体系将国际新闻和国际局势看清楚，《世界周刊》就提供了这样一种功能，它将一周内发生的国际重大事件浓缩在45分钟的节目中，解释新闻事件之间的关联，让观众弄清楚新闻事件在国际大形势中所处的位置，同时通过详细介绍让观众能够更深入地了解事件的始末。这样的内容设置恰如其分地诠释了栏目的口号——“全媒地带，信息就是选择”。这也让《世界周刊》吸引了大量关注国际形势动态的观众，并赢得一致好评。

经典案例二:《谁想成为百万富翁特别版》和《开心辞典》

《谁想成为百万富翁特别版》是由英国执行制片人米歇尔·戴维斯根据一款休闲益智游戏制作的一档电视真人秀节目，以电视智力问答的形式进行。随后制片人将此节目形式推荐给澳大利亚、荷兰和西班牙的电视台并被采用。节目要求参加者连续回答15个4选1的单选题，若参加者都能回答正确，就能够得到一百万当地货币的巨奖。挑战者的挑选一般非常严格，在成为候选人之前，电视台会对他们的知识量和判断力进行测试，通过这道关卡才可成为节目候选人，并按抽签结果进行排序。主持人在节目直播现场对此前排出的10名候选人进行测试，这次测试的难度较大，会让选手们拉开差距。在这一关卡中，谁完成最快而又准确，谁就能够成为百万富翁。挑战者的层层选拔把节目推向了高层次，使其成为一个高雅性的节目。

《开心辞典》是借鉴《谁想成为百万富翁》的节目形式，于2000年由我国中央电视台推出的一档全新益智类节目。该节目采用问答形式进行比赛，设有奖励激励选手，并且可以让选手进行场内场外的互动。节目设定的实现“家庭梦想”和选拔“平民智力英雄”的核心理念，精准锁定了我国观众关注传统亲情观念的特点，也准确捕捉到观众日益旺盛的娱乐消费观。这种开创性地把文化与娱乐融合在一起的综艺节目，不仅借助电视平台传播了文化知识，还打破了教条式的文化灌输方式，使观众在潜移默化中汲取文化知识，强化主持人与观众在不同场景下的互动，获得了优秀的市场反响。

经典案例三:《美国偶像》和《超级女声》

《美国偶像》的原型是英国电视选秀节目《流行偶像》，其被认为是全球电视选秀节目的鼻祖。2001 年，美国福克斯广播公司花费 7000 多万美元的巨资购买了该节目的版权，在加以适当改编之后于 2002 年正式播出。该节目本着挖掘有实力的美国流行音乐新人的宗旨，开播四年就创下美国电视界收视神话，相较其他各国相继停办的偶像属性节目，《美国偶像》可谓是全球人气最旺的殿堂级节目。2016 年，福克斯广播公司宣布当年播出的第 15 季为《美国偶像》最后一季，全球影响力最大的选秀歌唱类节目就此落下帷幕。

节目赛制为：参赛者先在指定城市参加首轮甄选，被评委投票选拔出来的优胜者到好莱坞继续参加次轮角逐；紧接着再选出 24 位选手（男女各占一半）进入到半决赛；接下来的比赛中，选手们必须演唱相同类型的歌曲，然后由观众打节目电话或发短信为自己心仪的选手投票，即时淘汰得票最低的选手。10 强产生以后，演唱形式变为男女混唱，各组选手必须唱同一个歌手的歌曲，且进行多轮演唱，每轮挑战不同风格。经过层层角逐和比拼，最后的胜出者就成为了当季的"美国偶像"，可以获得价值百万美元的唱片合约。《美国偶像》对参赛者的年龄有着严格的要求，选手必须为美国公民，而且拥有在美国的从业资格。2002 年到 2004 年三届比赛的参赛选手年龄被限定在 16 岁至 24 岁之间，从 2005 年开始年龄上限被放宽到 28 岁，到了 2011 年参赛选手的年龄下限被放宽到 15 岁。参赛选手还必须有出生证明、驾照或护照等文件来为自己佐证。18 岁以下的选手在获得家长同意以后才能参加比赛。在节目严格的准入条件和严酷的淘汰赛制下，《美国偶像》的冠军在节目结束后都有较好的发展。例如在 2005 年获得了第四季冠军的凯莉·安德伍德在同年就成功发行了首张专辑 Some Hearts，在 2009 年获得了美国乡村音乐学院奖"年度娱乐人物"，并于同年 11 月 3 日发行了自己的第三张专辑 Play On，2010 年出演了银幕处女作《灵魂冲浪人》。2013 年 2 月 10 日，凯莉·安德伍德在第 55 届格莱美音乐颁奖典礼上斩获了乡村歌手及乡村歌曲两个奖项。

2005 年，我国湖南卫视推出的选秀节目《超级女声》造就了万人空巷的效应，成为我国选秀类节目的巅峰作品，2005 年也因此被认为是我国选秀节目的"元年"。与《美国偶像》有所不同的是，《超级女声》对参赛者的年龄没有严格的限制，只要是热爱歌唱，不管什么唱法，也不论年龄大小，都可以报名参加。节目只是要求 16 岁以下的未成年女生必须由家长陪同才能报名。2006 年后，按照我国国家广电总局的要求，报名选手必须年龄达到 18 周岁。《超级女声》在我国首次采取了由观众投票决定选手比赛名次的赛制，使我国综艺节目的娱乐方式从单一的、给予式的接受，变为公众参与性的集体狂欢，互动性和悬念性的充分体现，让节目收视率一路飙升，决赛的平均收视率一度超过央视的春节联欢晚会。

近年来，我国不断培育和研发优质的电视节目，并实现电视节目及模式向海外的销售，这标志着我国电视业的海外影响力不断提升。比如浙江卫视的真人秀节目《我就是演员》的节目模式就卖给了美国 IOI 公司，《我就是演员》的国际版——《I AM THE ACTOR》被授权给该公司在欧美、加拿大等国家制作并播出。美国 CAA 公司、Vainglorious 制作公司在法国戛纳国际电视节上购买了湖南卫视的真人秀《声入人心》的节目模式，双方达成该节目模式于北美地区的开发合作。我国中央电视台拍摄的大型纪录片《舌尖上的中国》在海外广受欢迎，仅仅在节目第一季播出后的 2013 年，海外销售额就达到了 226 万美金，并被翻译成 6 种语言在全球多个国家播出。

（二）电视内容的“本土特色”

电视内容的“本土特色”强调的是创意的本土特征和本地适应。电视内容的本土特色包含两个方面的内涵，一方面是指将各种具有地域文化和民族传统特征的故事、人物搬上世界电视舞台。例如《中国艺术》是由我国央视纪录片频道与英国广播公司（BBC）、德国电视二台（ZDF）、德法公共电视台（ARTE）合作摄制并播出的纪录片，该片将中国绘画、雕塑等极具代表性的艺术作品通过国际化的视角向观众呈现。伴随着西方观众对中国艺术文化的痴迷和喜爱，该节目完成了国际化的中国文化表达，各国观众好评如潮。

另一方面，电视内容的“本土特色”也体现在“本土化改造”，突出的是一种过程——把一种事物转换至符合本地需求，才可以获得最多的观众，进而获得最丰厚的收益。在国外节目模式的引进中，节目收视率的高低走向与本土化是否成功有着直接的关系。比如，在对国外真人秀进行本土化改造的过程中，解决国内与国外观众的价值观、审美偏好差异就是国内各大卫视的当务之急。欧美国家的个人主义色彩更为浓厚，自我的表现更加突出；中国人就正好相反，比较讲究和谐与团结，更加注重团队的合作精神。在节目制作的过程当中，一般会对前者进行弱化或规避，而对后者进行强化。需要指出的是，全球化和本土特色并不冲突，地域特征为电视节目的全球推广增加了吸引力，国际表达则成为连接本土与全球的桥梁。

经典案例：*Running Man*——《奔跑吧兄弟》

Running Man 是韩国首尔广播电视台（SBS）于 2010 年打造的一档真人秀节目，由包括韩国著名主持人刘在石、李光洙在内的七位固定主持人以及特邀嘉宾共同参与。每期节目的主题不同、队伍阵容不同，通过参与者互相之间的比拼决出最终获

胜者。该节目中的亮点无疑是游戏设置环节，每期节目的游戏都是悬念性和挑战性兼具，又不失娱乐性，其中的“撕名牌”环节更是得到无数观众好评。在这个环节中，每位嘉宾的后背都被贴上写有自己名字的名牌，通过撕掉别人后背的名牌来淘汰他人，最后留在场上的嘉宾获胜。节目中，嘉宾的服装统一、生动的字幕和有趣的剪辑方式等细节处理也备受观众青睐，让许多其他综艺节目纷纷效仿，取得超高人气，红遍全亚洲。

深受 *Running Man* 爆红的启发，浙江卫视在 2014 年购买版权，携手韩国团队打造了中国版的 *Running Man*——《奔跑吧兄弟》。浙江卫视团队和韩国团队共同参与节目录制，将节目进行本土化改造，使最终呈献出的节目效果既包含原版 *Running Man* 中的特色游戏，也有富含中国特色的元素在其中，打造出与韩国版不同的大型户外运动竞技真人秀节目。节目选取的七位明星成员，在节目中回归最真实的自己，有“梗”又有“料”，搞笑程度堪比喜剧。节目组在本土化创作中设计了很多具有中国特色的游戏和细节，例如让成员扮演我国经典的电视剧人物，到历史名城感受博大精深的中国文化，品尝当地特色美食并衍生出好玩又有趣的游戏等。

二、媒体融合时代电视内容的互联网气质

在“互联网 +”语境下，电视媒体的传播与接收渠道发生了变化，电视内容在世界各地都体现出与互联网交融的特征。具体来讲这种互联网气质体现在电视内容生产、分发和接收等各个环节与层面。

（一）电视的内容生产体现大数据支持下的用户思维

所谓大数据支持下的用户思维是指电视媒体通过大数据了解用户需求，并针对需求来制作电视节目。大数据背景下，用户的媒介使用行为会被记录，电视媒体经由对用户搜索、点击、评论、转发等数据的解析能够精准地了解用户需求，进而生产观众真正需要的电视节目内容。

目前，中外电视媒体都将用户数据分析作为电视节目内容生产的重要依据。例如美国有线电视新闻网（CNN）很早就十分重视用户在网页、移动电话、社交媒体以及视频网站等平台上的数据，并以此作为实时调整报道内容的根据。2014 年 3 月，CNN 在对“马航失联”事件的报道过程中，不断根据用户新闻浏览量的变化调整报道方向。在持续一个多月的相关报道中，CNN 成为了对该事件报道中被引用和分享频次最多的媒体，对国际舆论的走向产生了重要的影响。英国广播公司（BBC）会根

据用户社交媒体上的数据来决定某些直播的真人秀和访谈节目接下来的走向。如果通过数据分析发现观众喜爱节目的某一部分，这部分就会被延长。美国的热门政治题材电视剧《纸牌屋》也是根据对观众的大数据分析来确定剧情故事的走向，为观众量身定做的电视剧最终得到了可观的收视率。

2016 年我国中央电视台推出新闻评论节目《中国舆论场》。该节目和央视网协作发布了“中国舆论场指数”，经由运用大数据技术对上万个网站以及三千多万个微博、微信公众号的舆论热点进行抓取，最终产生每星期前十名的舆情。并邀请政府相关部门的工作人员和有关专家针对舆情反映的问题进行回应和解答，实现了精准对标用户需求来进行电视内容生产。

（二）电视的内容推送呈现与新媒体的交融性

当电视与互联网打通以后，电视内容分发和推送渠道被大大扩宽。电视不再仅仅作为节目播出的平台而存在，还是能够掀起“传播涟漪”的浪花，能够引发更加强烈的传播效应。在这样的背景下，我们看到电视内容被分发到不同的播出渠道；而新媒体的内容也进入到电视，实现了交融互通。

首先，电视内容经由联通小屏造就现象级传播。比如我国中央电视台的文化音乐节目《经典咏流传》，采取了“1+4”融合媒体跨屏互动的推送渠道：电视大屏上播放正片，同时为节目中的每一首歌曲都量身打造了互动性极强的 H5、微信公众号推文、短视频和音频等多种新媒体产品形式。这样的内容分发方式让每首诗词所蕴含的文化内涵与韵味得到了更加丰厚和多元的表达。另一档由我国央视推出的真人秀节目《欢乐中国人》，将提供给观众进行短视频分享的二维码作为舞美背景放到节目之中，这样一来就相当于把移动小屏嵌入了电视大屏，线上和线下的传播被打通，节目中的人物故事小视频迅速获得了上百万的点击量。

2013 年，推特协同 BBC、福克斯和美国国家气象频道等多家电视媒体推出了一项新的设计——“推特放大器”。通过运用这个设计，这些知名电视媒体可以在推特上播出实时视频片段，让电视媒体的内容也即时转化为了新媒体的内容。

第二，新媒体内容进入电视节目。不仅电视内容能够被分享到新媒体，新媒体的内容也已被很多电视媒体纳入进自己的内容体系，为电视节目增加吸引力。日本放送协会（NHK）有一档在夜间 11 点 30 分播出的新闻节目《NEWS WEB》。由于播出时间较晚，该节目的收视率一度落后于傍晚的新闻节目。后来节目组在这档长达三小时的新闻直播节目中，大胆引入社交媒体推特上的相关评论内容，并且以推特评论作为节目编排的主线，该模式在日本电视媒体成为了首创。我国许多电视节目在播放时，节目现场大屏幕上会滚动播出观众在网上的即时评论，将评论作为电视节目内容的一部分来进行呈现，体现了新媒体和电视内容的互融。

（三）电视的内容接收体现智媒时代场景传播的沉浸化

在智能媒体时代，各类技术的应用推动了电视媒体的节目场景不断拓展和丰富。借助虚拟现实、全息影像等技术，电视媒体得以建构虚拟场景，把各种传播元素纳入其中，节目信息的呈现方式更加鲜活和多样化。比如，我国中央电视台播出的大型电视文化节目《典籍里的中国》，就将我国浩瀚典籍中蕴含的精妙思想和经典故事，以“文化节目 + 戏剧 + 影视化”的模式呈现出来，让安放在经典中的文字“苏醒”过来。该节目借助环幕投屏和实时跟踪等新兴技术，于时空流转中构造出沉浸式的故事现场，实现了古今读书人跨越时空的相见。技术成为了再媒介化的方式与艺术手段，让晦涩难懂的传统典籍经由舞台演绎触动观众的内心，为传统文化的现代表达提供了优秀的范本。

运用智能技术不仅可以实现虚拟场景的建构，还能将现实场景引入虚拟空间，实现虚拟空间和现实空间的无缝对接，建构超真实的演播场景，使观众感官体验的丰富性得到了延伸与拓展，电视内容接收的沉浸感更强。2021 年我国央视制作播出的考古探秘类文化节目《中国考古大会》运用 AI+VR 裸眼 3D 演播室技术向观众呈现了 12 个考古遗址。并结合每个考古遗址定制“视 + 听 + 触”场景，将每处遗址的重要考古成果向观众进行了介绍。在带领观众回到文物发现地的同时，让观众沉浸式地感受到了考古的魅力。

国外许多电视台还将现实与虚拟场景结合的技术运用于天气预报节目。2018 年，美国 CNN 旗下的天气预报频道（TWC）利用 IMR 技术（Immersive Mixed Reality，沉浸式混合现实），以游戏和电影的方式来制作气象播报节目，让天气预报主持人带领观众沉浸式体验真实的天气情况。当美国东部遭遇当季最大的飓风“佛罗伦斯”之时，TWC 通过一段视频向观众展示了飓风可能导致的问题，以方便观众做好应对的准备。但视频并不是单纯地列举数据和展现气象图，而是利用智能技术将现实场景引入演播室，向观众展示现实中可能遇到的情景。观众看到主持人仿佛正站在洪水的中央，随后水位渐渐升起来。刚开始水只是没过主持人的脚踝，后来随着风越来越大洪水逐渐吞没了汽车，直至淹没屋顶。视频中“置身”洪水“现场”的主持人讲解天气局势，随后向观众提出自我保护的专业建议。而实际上这一切只是主持人在演播室完成的。IMR 技术的运用让看似枯燥乏味的天气预报像游戏和电影一样引人入胜。

三、基于公共服务的电视节目公益性追求

公益是有关社会公众的福祉和利益。中外传媒业界和学界都普遍认同媒体的公共服务是传媒体系中不可缺少的部分，媒体具有促进公众利益达成的责任，电视媒体是公益性内容的重要载体。

许多中外电视媒体都有公益传播的传统，而近年来电视节目的公益价值越来越被凸显。例如BBC作为英国最大的媒体机构，不仅制作了许多的公益广告、公益短片，而且在电视节目中也融入了大量的公益性元素。以BBC的文博类电视节目为例，真人秀节目《古董之旅》的名人版《名人古董之旅》（Celebrity Antiques Road Trip）安排古董行家与明星组成两个队伍，进行古玩淘宝和购买。被收购的古董随后会被拍卖，所得的款项最终捐作慈善用途。该节目充分运用了名人的知名度和号召力，体现了电视栏目的公益价值。在2017年缅怀大屠杀受难者国际纪念日，BBC制作的另一档文博类节目《古董巡回秀》邀请研究大屠杀的专家跟随节目组探访了英国在二战中的一些幸存者。这样的节目设置不仅让观众在节目中了解到有关大屠杀的文物古迹，同时引发了观众对逝者的缅怀，激起了人们对战争的反思。荷兰MAX电视台不仅会提供教老年观众学电脑的电视节目，节目组还联合荷兰各地的图书馆和老年中心等，招募义务助教，将专门为老年人设计的学习教材进行出版，真正让老年观众的学习需求得到满足。

不仅在电视媒体实行公私兼顾、双轨运行体制的欧洲，电视节目内容的公益价值受到重视，在电视媒体实行以私有制为主体的商业化运行的美国，电视节目内容的公益性也得到了充分体现。例如在风靡美国15年的选秀节目《美国偶像》中，《偶像回馈》是以慈善回馈为主题的专场节目，致力于通过募款改善美国和非洲穷困儿童的医疗设备，为他们提供更多的受教育机会。美国前总统奥巴马、联合国前秘书长潘基文以及众多当红明星都曾经作为嘉宾出现在节目中，这些名流的出现提高了节目的受关注度，也为节目争取到更多的善款。又比如，在美国备受瞩目的脱口秀节目《艾伦秀》中会经常设置一些公益性的环节。节目组会经常邀请一些素人作为嘉宾来到节目现场，他们之中有社会边缘的弱势群体、有经历感人事迹的普通民众以及遭遇生活不幸的家庭。艾伦会采访这些嘉宾，分享他们的故事，并鼓励和支持他们，最后赞助商和节目组根据嘉宾的状况给予他们一定的捐赠和帮助，希望协助他们走出困境。另外，许多明星也会在节目现场进行公益活动。比如在2018年的一期《艾伦秀》中，湖人球星詹姆斯在节目现场完成了三个有趣的游戏挑战，最终为自己发起的公益学校Ipromise获得了10万美元的资助。

我国电视媒体向来重视节目内容的公益性，近年来更是开启了“公益”模式，一批有公益价值的高质量电视节目被不断推出，获得了很高的收视率，实现了经济效益和社会效益的双赢。

《我们在行动》是东方卫视于2018年推出的一档以精准扶贫为主题的真人秀节目。与国内外众多公益性节目直接向救助对象捐赠钱物的公益模式不同，《我们在行动》开启了“可持续”的公益模式。在节目中，首先由企业家与明星组成的“助农小分队”探访贫困的农村家庭，挖掘具有市场潜力的农产品；接着对农产品发展模式进行多维度的打造；然后组织企业来到农村实地参加产品订货会；最后，东方卫视主持人深入全国各大城市的社区进行农产品推销。兼具公益性与可看性是这档真人秀节目成功的关键所在。《我们在行动》充分整合了各类资源，将明星的流量和企业家的能量结合起来，为节目带来了颇高的关注度，通过开发有效的农产品让扶贫产业获得良好的持续性。据统计，前两季节目开发了共计13款农产品，订货金额超过6600万元，让50多个贫困村获益。特别值得称道的是，节目并没有过多地煽情，而是把贫困群众的生活现状客观地呈现给观众，平实地记录在扶贫第一线的每一位参与者的生动实践。进入节目故事的有罹患小儿麻痹症、坚韧不拔的创业者，放弃在大城市的发展，选择回到家乡带领村民致富的年轻带头人，坚持面对“一人一校一师一生”二十年、坚守教育岗位的乡村教师等。

紧随《我们在行动》之后，我国各大卫视又相继推出了公益性的扶贫助农电视节目，如湖南卫视《天天向上》团队推出的《出手吧！兄弟》、山东卫视出品的《家乡好物》等，都通过节目为贫困地区带来了收益。浙江卫视推出的《奔跑吧·黄河篇》在黄河生态经济带开启一场别样的奔跑之旅，通过趣味化游戏环节，推介地方特色农产品。

难能可贵的是，近年来我国各大电视媒体和视频平台并不仅仅是将公益视角投射到扶贫这一个主题中，而是将各类公益元素渗透到不同的节目环节里，开启了节目内容生产的公益模式，体现了媒体的社会责任意识和担当。例如东方卫视推出的《极限挑战·宝藏行》在第二季拉开了生态文明公益季的帷幕，《梦想改造家》为弱势群体提供装修费用的减免；湖南卫视的《中餐厅》邀请在社会某一领域做出贡献的普通人参加感谢宴；芒果TV的《明星大侦探公益特辑》由明星嘉宾们共同发声向公众普及法律常识；BBC和我国腾讯视频联合出品的自然类纪录片《王朝（Dynasties）》在播出期间，与自然保护组织携手启动“关注也是一种保护”的公益行动，该活动让观众能够在观看纪录片的同时参与到野生动物保护之中，并将活动募集的善款用于维护生物多样性的工作之中。

第二节　电视市场新动态

一、电视产业的集团化发展

维持市场运行的血液是资本，任何行业在它蓬勃发展的时期，对于资本的追求都是必不可少的，电视行业也不例外。一方面，媒介产业是近年来在经济行业之中成长性最好、发展前景最可观的行业之一，因此，对资本的需求也就逐步增多；另一方面，资本的天性是利益至上，既然媒介经济如此火热，资本自然也就趋之若鹜。可以说，两者相辅相成，各取所需。

随着资本向电视领域的不断注入，电视产业的集团化运作也成为当今电视的显著特点。例如媒介巨头默多克经营着综合性的全球传媒集团——新闻集团。新闻集团前身是澳大利亚新闻公司，逐渐成长为备受瞩目的跨国媒体集团。在报纸领域内，它控制了英国 40% 的报纸以及澳大利亚三分之二的报纸；在电视领域，美国福克斯网络及 35 家电视台都归它所有，并通过卫星通讯将 150 档节目播送到拉美地区。除此之外，英国天空电视台和印度 EETV 都归新闻集团所有。目前，新闻集团以 7 种不同的语言、经由 40 多个频道为亚洲的 53 个国家与地区提供电视节目。在新媒体高速发展的今天，新闻集团创建网站，涵盖社交、游戏、视频、娱乐等多种元素。并且以合作或收购为手段，充分利用新的移动终端技术不断更新移动终端的使用。如与美国苹果公司合作，为了吸引 iPod 用户收看其节目产品，向 iTunes 音乐商店提供免费的电视节目，并收购赫斯特公司旗下的电子阅读平台——Skiff，从而赢得了大量的受众。

二、电视媒体的市场化运作加大

（一）以市场化为运作方式的公营电视媒体增多

相对于有着大量广告收入的商业电视台而言，公共广播电视机构收取的费用不断遭受人们质疑，节目传播形式不得不直面单一化、精英化等问题，这些都使公共广播电视机构的生存受到威胁，面临着观众减少、收入下降等事实。例如实行电视媒体双轨制的法国，在近 20 年内，电视台的数量不断增加，由最初的 3 家增加到后来的 30 多家。其中，较为突出的是法国电视一台，它虽为私营电视台，却成为法国第一大电视台，平均收视率高达 35%。德国的公共电视台（ARD）和二台（ZDF）是公营电视媒体，两者的市场占有份额总数仅为 28.1%，明显少于德国私营电视台的市场份额总和。

面对商业电视台巨大的竞争压力，欧洲公共广播电视机构必须进行改革，采取市场化发展策略，扭转不利局面。其策略之一是拓展收视市场，发展多种业务经营。例如英国公共广播电视机构英国广播公司（BBC）下属的世界新闻台在全球拥有 4500 万收视观众。BBC 还进一步拓展了业务，比如出版发行书刊音像产品，其自办的畅销报刊《广播时代》一度拥有上百万的读者群。同时，BBC 扩宽了销售的渠道，将电视节目销往欧洲、美洲、中东和非洲等地区。此外，公共广播电视机构在自身内部着力推行企业化管理机制：精简部门机构，缩减员工数量，加大成本控制，实施节目的制播分离，加大外购节目的份额，增加广告的投放量，寻求更多与独立制作人的合作。例如德国公共广播电视机构德广联（ARD）下属的自由柏林电视台（SFB）允许把节目主题的选择对独立制作人开放，节目制作尽可能地将工作人员和设备外包化；法国公共电视机构法国二台和三台为了节约节目制作成本，将委托制作和外购节目比例提高到 50% 。公共广播电视机构还以高速发展的媒体科技作为支撑，构建新的经济增长点，抓准新媒体高速发展的契机，着重开发电视节目的增殖服务，打造新的经营理念。如 BBC 创办商业性质的服务网站，其服务包括对重要体育赛事和体育新闻的播报，提供节目预告，就节目内容进行讨论等。

总之，公共广播电视机构不断采取市场化举措，壮大自身的同时与私营广播电视机构形成有力的竞争，推动了整个电视业的发展。

（二）私营电视媒体的市场运作范围向海外扩展

近年来，越来越多的私营媒体已经不满足于本国市场，不断向本土之外的国际市场拓展业务，扩大市场运作范围。例如美国时代华纳旗下的特纳广播电视网，其产出的娱乐和新闻节目以不同的版本在大约 180 个国家发行。另一家美国传媒巨头维亚康姆如今已是一个名副其实的超级传媒集团，它的经营覆盖影视业、广播业、网络等多个领域，在全球众多国家和地区设立分支机构，为不同地区的受众提供传媒产品。它旗下拥有如 MTV、派拉蒙、BET 等多个知名媒体品牌，其中，BET 作为美国境内电视网的行业翘楚，主要目标受众定位为非洲裔美国人，播出满足他们的娱乐、音乐、新闻和公共事务节目，不仅能在英国、美国、加拿大等发达国家收看，也能在加勒比海和撒哈拉以南的非洲国家收看。

（三）发展中国家的国营电视媒体市场化步伐加快

近年来，众多发展中国家的国有电视台纷纷加大了市场化运作。[①] 例如我国的电视台从体制创新、人才培养引进、内容制作优化、运营模式创新到终端拓展等各方面着手，加速电视台市场化转型。一方面，我国的广播电视管理机构颁布了一系列关于电视节目制作、市场交易的新政策，取缔了一些制约电视产业市场化改革的文件。近年来，我国电视节目交易市场不断扩大，特别是对于国内优秀节目版权的输出和国外优秀节目版权的引进，极大地推动了电视产业市场化的发展；另一方面，制播分离的实施，以及民营传媒企业的迅速发展，使电视产业的市场化进程提速，制作出了更多受欢迎的电视节目。如由光线传媒与央视联合制作的《梦想合唱团》《梦想新搭档》，灿星制作公司与浙江卫视携手打造的音乐选秀节目《中国好声音》等，都成为近些年脍炙人口的电视节目。

三、电视节目交易市场的兴盛

如今越来越多的电视节目模式在全球电视节目交易市场上进行交易。电视节目模式（Television Program Format）这一概念最早由英国人提出。我国胡智锋教授对电视节目模式的概念进行了相对比较完善的阐释，他认为："电视节目模式是一种成熟的标准样板，具有特定的规则和套路，稳定的内在规定性和外在指向性是一大特点，并且已经经过了考验和验证。内在规定性是由程序、结构和规则等构成的内在要件，具有审美空间和艺术效果。外在指向性指的是外在力量，具体是电视节目模板体现的价值取向、时代精神等与社会同步的外在力量。"[②]

如今，电视节目模式交易的规模及数量都逐步增长，电视节目模式交易已然成为了国际电视节目交易市场中最有活力的一大领域。一个节目模式不仅仅是一个创意，更是一套完整的配方。电视产业在电视节目模式发展较为发达的国家已经建构了一套完整的产业链，包括电视节目创意、生产、发行和营销。越来越多的国家和地区开始重视电视节目模式交易，整体呈现出市场化程度更高、多元化、细分及差异化明显的特征。

近年来，随着电视节目模式交易的规模不断扩大、数量不断增加，多个国家和地区举办电视节目模式交易会，不同的地区大致每个月都会举办大型电视节或电视交易会，创造了良好的市场环境和交易平台。除了洛杉矶电视展、法国戛纳电视节、蒙特

① 胡正荣、朱虹主编．外国电视名牌栏目［M］．北京：红旗出版社，2011：13.
② 胡智锋．电视节目策划学［M］．上海：复旦大学出版社，2008：98-99.

卡洛传统电视节这些耳熟能详的电视盛会外，亚洲电视节目模式市场也逐渐兴起，出现了新加坡电视节、北京电视节目交易会，并且影响力不断提升。

法国戛纳电视节是目前全球规模最大、影响力最广的国际视听产品与数字内容交易会。2019 年，法国戛纳电视节在法国如期举办，戛纳电视节每年推荐的节目模式至今依旧引人瞩目。下面介绍几个有特点的代表性节目模式：

节目名称：*Dating Detectives*

制作公司：英国广播公司影业公司（BBC Studios）

节目类型：素人恋爱节目

节目简介：*Dating Detectives* 节目中真正的侦探利用传统调查犯罪的专业侦探技术帮助单身人士了解自己的约会对象。侦探使用取证、审讯和心理剖析等方法来测试约会者的品性。

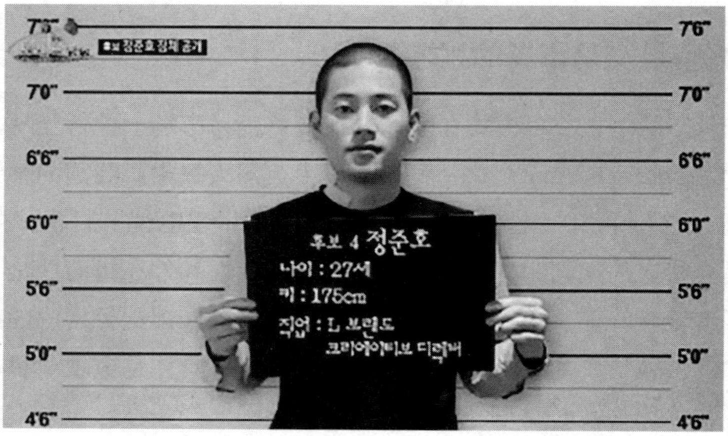

图 2–3 *Dating Detectives* 节目截图

节目名称：*Dance Sing*

制作公司：塔尔帕国际有限公司（Talpa Global）

节目类型：选秀类节目

节目简介：*Dance Sing* 节目中每一位参赛者都必须具备唱功和一定的舞蹈技能，所有选手经过两轮试镜后留下四位获胜者进入小型音乐会的最终评选。节目会根据选手的表演配合大量高科技的舞台效果为观众呈现一场视听盛宴。

图 2-4　*Dance Sing* 节目截图

节目名称：*The Rolling Kitchen*

制作公司：读卖电视放送株式会社（YTV）

节目类型：烹饪节目

节目简介：*The Rolling Kitchen* 是日本的一档烹饪节目，每期节目有两对夫妇参加，在 40 分钟内每对参赛夫妇需合作完成两道菜肴的创作，获胜的夫妇可以赢得奖金。在烹饪过程中，每对夫妇的厨房操作台是分开的，且烹饪过程中不允许对话，每十分钟厨房旋转 180 度，丈夫和妻子交换手中还未做完的菜肴并继续完成。夫妇必须读懂彼此的想法并继续完成手中的菜品，做出美味的佳肴才能在最后的评审环节中获胜。

图 2-5　*The Rolling Kitchen* 节目截图

节目名称：*You vs. Wild*

制作公司：奈飞（Netflix）

节目类型：野外生存类真人秀

节目简介：*You vs. Wild* 也叫《Bear Grylls 的冒险》是互动式野外生存类节目。前英国特种空勤团军人、著名探险家、作家、主持人 Bear Grylls 参演，常被人们称为贝爷。在节目中，贝爷所有面临的选择和挑战都由观众决定。

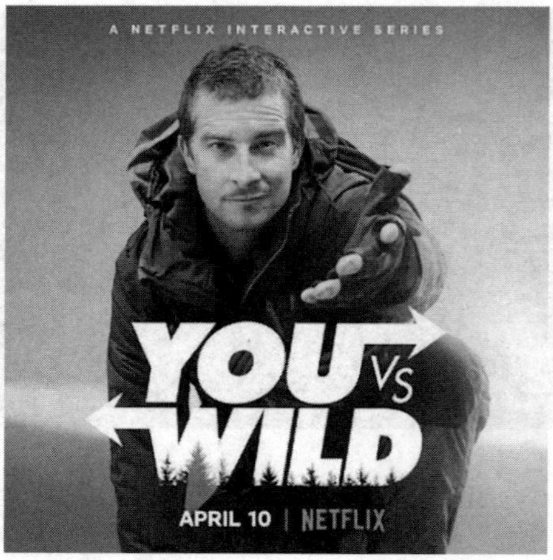

图 2–6 *You vs. Wild* 节目截图

四、多渠道经营成为电视产业的新兴盈利模式

在产业化的时代，电视不仅仅是内容播放的平台，也是打通、凝聚和整合各类社会资源的基地。新媒体冲击造成的收视率下降、广告份额减少等挑战，倒逼电视媒体在传统业务之外开辟多渠道盈利方式。这其中既包括同电视内容具有关联性的传媒产业，如图书出版、音像制品发行、节目版权交易、大型商演等；也包含同传媒无关的行业，如房地产、旅游业、餐饮业等。目前中外电视产业中比较令人瞩目的新兴盈利模式包含以下几个方面：

（一）视网合作

所谓视网合作是指电视和互联网平台的合作。在视网合作中表现突出的是电视媒体和电商的合作。作为传统媒体的电视具有公信力强的核心竞争力，而电商行业的弱项恰恰来自购买者对于商品质量的信心不足。电视媒体与电商的合作无疑具有取长补短的效果。2014 年，我国东方卫视与电商平台 D2C 合作时尚真人秀节目《我的新衣》，观众可以在电商平台上购买节目中出现的产品。2015 年，湖南卫视与电商天猫合作推出的“双十一晚会”，开启了我国卫视与电商平台合办晚会的先河。这种“歌舞表演 + 明星游戏 + 移动购物”的模式使这场晚会不仅得到了全网 1.2% 的收视率、6.29% 的收视份额，还取得了超 100 亿元的销售额。紧接着，江苏卫视、浙江卫视、东方卫视、北京卫视等我国省级卫视也先后联合天猫、拼多多、京东、苏宁等知名电商合作晚会直播。2021 年，电商直播间更是直接搬进中央广播电视总台春晚的现场。

这种“电视 + 电商”、“线上 + 线下”的模式，将电视观众转化为商品购买者，提高了电视节目的盈利能力。

视网合作在国外也不断被尝试和探索。美国 FX 有线电视网出品的电视剧《混乱之子》是多屏合一的电视联合电商进行营销的范例。在《混乱之子》的编剧过程中，电视剧就植入了 120 多个商品的热点链接。观众在看剧时如果对剧中的物品感兴趣，就可以直接点击热点链接进入购物区下单购买，同时还能够看到其他观众对商品的评价。《混乱之子》在与电商合作中的创新之处在于实现了在同一屏幕上的观剧和购买。《混乱之子》擅长将观众的关注热点转化为商机。该剧某一集中的一幕画面引发了观众在网上的激烈讨论，节目方在下一集播出之前便设计了印有这一幕画面的 T 恤衫，并在短时间内就在合作的电商平台上售卖一空。

电视与电商的合作不仅仅止步于销售产品。2017 年，北京卫视和阿里巴巴集团签署“台网联盟”战略，进一步挖掘两者合作的空间。北京卫视将剧场、综艺和广告等时段的内容资源向阿里巴巴开放，阿里集团则在内容中植入场景营销。这样的合作方式打破了单一销售产品的局限，还能够策划热点事件，进行娱乐营销等。这让两者的联盟成为一个通道，同时也是一个新场景。比如在北京卫视《跨界歌王》节目播出的过程中，电视屏幕上会出现“摇摇摇”的提示。这时观众打开手机淘宝的首页并摇摇手机，就可以进入《跨界歌王》的主题互动界面。

（二）引入 MCN 模式

MCN（Multi-channel Networks）直译为“多频道网络”，被认为是一种网红经济运作模式。具体而言，MCN 是指有能力服务与管理一定数量和规模帐号的内容创作机构，是帮助内容创作者进行商业化变现的组织。MCN 诞生于美国，是内容生产者与 Youtube 之间的中介机构，协助对接、聚合优质内容并进行持续变现。MCN 的业务职能包括运用自身资源提供内容生产管理、内容运营、粉丝管理、商业变现等专业化服务。如今，我国一些电视媒体通过运行 MCN，孵化 KOL（关键意见领袖）与达人。广东广电、江苏广电、河北广电等近十家广电成立了 MCN 机构。例如“芒果 MCN”是湖南广播电视台娱乐频道组建的全国首家电视媒体成功运行的 MCN 视频机构。截至 2021 年 10 月，该机构已拥有全网账号超过 844 个，包括明星艺人、节目主持人、网络达人等，累计粉丝 4.68 亿。芒果 MCN 主营业务囊括了视频制作、广告营销、直播电商、整合营销等，在打造短剧微综等节目 IP 形态上也有不断的创新。

（三）节目资源挖掘

节目资源挖掘是指依托电视节目资源进行相关产品的开发和销售。例如我国央视播出的纪录片《舌尖上的中国》取得很高的收视率。在该节目的第三季，央视以手游形式深耕这一重量级的纪录片 IP，设计开发了一款美食模拟经营游戏。该款手游巧妙地融入了纪录片中观众熟悉和喜爱的经典元素，并将传统饮食文化与策略经营相结合。美国真人秀节目《地狱厨房》在爆红后也做了同名游戏，也属于爆款电视节目衍生游戏的盈利模式。

电视节目资源的开发运用还有多种形式。例如深圳卫视真人秀节目《极速前进2》与途牛旅游网合作，让观众可以在途牛网上预定节目中同款的旅游行程；《舌尖上的中国 2》与天猫合作同步销售食材、菜谱等。

由美国 HBO 电视网推出的电视剧《权力的游戏》在全世界 180 多个国家播出，拥有上亿的粉丝。HBO 电视网对这一风靡全球的现象级文化 IP 进行了全方位的开发，联名多个知名品牌发行周边，包括 3D 拼图、塔罗牌、彩妆、手办、钥匙扣、饼干、杯垫等。世界著名威士忌品牌尊尼获加与 HBO 联名推出“权游”威士忌，瓶身使用了热感应变色技术，冷冻后会出现“Winter is here”这句《权力的游戏》中的经典台词。这款威士忌一经推出，就受到了全球众多粉丝的追捧。而由美国 HBO 授权，华纳兄弟全球发行的战略游戏《权力的游戏：征服》，在发行一周年之际在苹果和谷歌两大 App 应用商店获得超过 1.25 亿美元的流水。

（四）频道资源开发

电视媒体的专业频道由于在某一专业领域深耕多年，在该领域积累了大量资源和公信力。借助这些资源和频道的品牌号召力进行产业开发成为电视媒体又一盈利方式。中国教育电视台作为国内唯一的国家级教育电视媒体，在全国范围内打造早教频道 + 幼儿园、儿童培训机构、儿童艺术团、儿童影视作品、少儿经纪等早教产业生态圈。河南电视台新农村频道针对用工市场出现的“用工荒、招工难”现象，开发出一款智慧就业综合服务平台——打工直通车，倡导“互联网 +”安全就业。该平台集培训、就业、维权以及一对一打工服务于一体，依托河南广播电视台新农村频道等主流媒体的政策权威发布，帮助求职者找工作，讨薪维权打假，发布企业用工信息，为外出务工人员提供全面的就业信息。

还有一些专业频道将产业布局到全球各地。尼克国际儿童频道（Nickelodeon，简称尼克）是美国有线电视旗下的儿童专业频道。到 2016 年，尼克国际儿童频道在全球拥有 100 多家授权商，并且通过大型商店、玩具和礼品零售商以及主题公园销售近 500 种产品。动画片《海绵宝宝》是尼克国际儿童频道推出的其目前为止最被观众欢迎的原创节目。《海绵宝宝》在全球拥有 700 个授权合作伙伴，每年零售额达 80 亿美元。

（五）打造品牌活动

电视媒体举办知名度和美誉度高的活动，由活动拉动经济创收、提升电视台的品牌价值也是一种有效的营销方式。从 2014 年开始，陕西卫视推出“丝绸之路品牌万里行”大型全媒体活动项目。该活动入围了中宣部的“丝绸之路影视桥工程”，让文化项目有了国家级别的高度。陕西卫视邀请人民日报、光明日报、央视、凤凰卫视等近 100 家主流媒体及新媒体参与，通过讲述中国故事、传播丝路精神、推介中国品牌，收获了良好的反响。该活动在多个国家举行“中国品牌展介会”、“丝路魅力城市推介”和“丝路城市商品贸易展”，为沿线各国企业搭建品牌推介和产品宣传的桥梁，帮助更多的中国企业走出去。这一活动获得了广汽三菱、西凤酒、中国联通、中国人保、北斗导航、大唐西市等近 20 个品牌的亲睐，并且通过开发相关的真人秀节目进一步扩大了活动价值和经济收益。

本章思考题

1. 如何理解电视节目的世界推广和本土特色？
2. 举例说明多渠道经营成为电视产业的新兴盈利模式。
3. 发展中国家的国营电视媒体加速市场化转型的表现有哪些？

第三章　中外新闻节目解析

本章学习要点

- 电视新闻节目的概念、特点与类型
- 中国名牌电视新闻节目赏析
- 外国名牌电视新闻节目赏析
- 中外电视新闻节目的差异

电视新闻节目是以报道新闻事实、提供社会各个领域不断出现的最新信息为主的电视节目，无论在中国还是外国，电视新闻节目一直都是电视节目系统中不可缺少的节目类型，占有无法取代的重要位置。本章将对电视新闻节目的概念、特点、类型等方面进行概括和解读，详细分析中国经典电视新闻节目《新闻调查》和美国经典电视新闻节目《60分钟》，最后来比较中外电视新闻节目的不同之处。

第一节　电视新闻节目概述

电视新闻节目的主要内容包括党和政府的决策、部署、路线、方针、政策和法令；党和国家领导人的国事活动，社会知名人士和人民群众的创造性活动；国内外重大新闻事件，各个领域的重要发展变化，重要的、群众普遍关心的社会现象、社会问题；社会舆论，尤其是来自人民群众的呼声。① 它在节目质量、节目传播力、节目影响力等方面一直坚持高水准和高要求，成为受众获取新闻信息的权威渠道。近年来，随着制作技术与理念的不断提高，以及社会的不断发展，电视新闻节目也为顺应受众的需求而在不断进步与突破，坚持内容与形式的创新与变化，让节目更具可看性和吸

① 童兵，陈绚丽 . 新闻传播学大辞典［M］. 北京：中国大百科全书出版社，2014：97.

引力，从而提高收视率。

一、电视新闻节目的特点

作为电视节目的骨干，电视新闻节目一般具有以下特点：

（一）信息传播的综合性

作为大众获取信息的重要来源之一，电视新闻节目是一个包容性相当强的信息传播媒介，无论是信息内容、传播方式，还是传播功能方面，电视新闻节目都体现出了强大的综合性特点。

电视新闻节目的内容是综合性的，这主要体现在其信息种类与来源的多样性上。“家事国事天下事，事事关心”，电视新闻节目的信息内容既包括百姓民生、家长里短，也包括社会百态、国家大事，还包括国际动态、全球热点等；信息内容来源于政治、经济、科技、社会、军事、外交、文化、体育、农业、交通等各个方面，包罗万象。例如，《新闻联播》是国内电视新闻节目的标杆，它的前身是1958年9月2日在北京电视台开播的《电视新闻》。1978年，中央电视台的《新闻联播》正式开播，几十年来每天19:00准时陪伴广大的电视观众，其信息内容丰富多元，涵盖了时政报道、热点报道、地方民生、国内资讯、国际新闻等内容，成为新闻信息输出的权威窗口。《新闻联播》也在不断改版，力求给观众带来最全面和最有用的新闻信息。

总之，电视新闻节目具有十分宽宏的维度，它能够兼容天下各事，凡是观众希望了解与认知的信息内容，都被纳入其中，使人足不出户就可以纵览大千世界，这也是电视新闻节目最强大的传播功能。

（二）受众的广泛性

电视新闻节目的传播范围十分广泛，受众数量多，层次多样。首先，电视新闻的信息内容不仅是综合与多元的，而且通俗、生动、形象、易懂，因此能够最广泛地满足观众的需求，易于被观众接受。无论受众男女老少、文化高低、贫穷富有，只要是视听健全的人，都能从电视新闻中获得有用信息，都可以成为电视新闻节目的受众。其次，电视传播网络较为健全。以中国为例，“四级办电视”的方针是在1983年第十一次全国广播工作会议上制订的，主要内容是中央、省、市、县“四级办电视、四级混合覆盖”，这一举措使中国电视事业结构向多级办台转变。依托这样的办台方针，电视新闻能够深入祖国各地，突破地域的限制，无论是在城市还是乡村，都能让观众收看到电视新闻节目。最后，电视设备的价格越来越低廉，功能越来越齐全。同时，在媒介融合的趋势下，电视新闻节目可以在网络平台上传播，这样一来，电视新闻节目的受众就更广泛了。

因此，电视新闻节目已经成为观众获得各种信息的主要来源之一，收视率也一直较为稳定。

（三）传播速度的及时性

及时性、时效性是电视新闻节目的重要特点。跟其他类型的电视节目不同，许多电视新闻节目都是日播的，目的在于将每天的新闻信息及时传播出去。一方面，从受众的角度来看，受众具有求快、求新的心理，期待能在第一时间获得信息，甚至希望通过直播了解事件的发展。另一方面，从新闻的概念上讲，新闻指的是新近或正在发生的事件，如果不能以最快的速度将新闻信息传播出去，新闻将失去它的价值。

传播技术的进步和电子采集设备的现代化，不断缩短新闻事实报道与新闻事件发生之间相隔的时间差。目前，从理论上说，电视新闻的传播速度足以使地球上任何地方发生的新闻零时差地传播到任何角落。重大新闻现场的直播最能体现电视新闻节目的及时性特点。例如，在 2008 年汶川大地震的救援行动中，中国的电视新闻记者“闻讯而动、跃如脱兔”，通过直播报道同步为观众传递信息，体现了中国电视新闻直播又迈上了一个新台阶。在 2018 年俄罗斯世界杯的比赛中，各国新闻媒体都对比赛进行了实时报道，保证世界各国的球迷能够最快地接收到最新的比赛状况与信息。

（四）声画的形象性

电视媒介是用声音和画面传递信息的传播媒介，诉诸于人的听觉和视觉双通道。电视新闻节目发挥了电视媒介的传播优势，运用丰富的报道手段和传播符号，呈现出形象性、立体性的特点。

早期的电视新闻受到技术条件的限制，再加上记者、编辑没有太多视听语言的意识，导致早期的电视新闻节目样式主要采用口播新闻、图片新闻和影片新闻的报道方式。[①] 随着电视新闻事业的不断发展，电视新闻节目越来越意识到画面与声音作为信息载体的重要性，并强调声画表达与配合的技巧。

电视新闻画面的表现形式有形象、文字和图画等，声音的表现形式有人声语言、现场音响、音乐等。电视中的声音和画面能够将新闻现场的人、声音、氛围、环境等高度保真地呈现在电视荧幕上，把观众代入一个真实的、鲜活的、有立体化感受的世

---

① 苗棣 . 中国广播电视节目概论［M］. 南京：南京师范大学出版社，2010：41.

界之中，也能让观众身临其境地参与事件发生和发展的过程。

声画结合还有助于观众对信息的接收与理解，这是因为声画对现实的还原是最直观和直接的，受众不需要通过复杂的符号解码就能清晰认知信息的内容。因而，声画结合能够排除干扰，将信息十分明晰地展现在观众面前，降低观众对新闻信息内容的误解。

（五）真实性与客观性

“真实”是所有新闻媒介必须遵守的首要原则，电视新闻由于传播范围的广泛性，更应该遵循真实性的原则，以免让广大的受众接收到虚假信息。电视新闻的真实性体现在两个方面：一是内容的真实性，即电视新闻报道的信息内容必须是真实发生的，不是虚假的、杜撰的、扮演的、改编的。二是表现手法的真实性，这主要体现在视听手段的运用上。电视新闻的镜头语言不能像艺术影片一样，经过布景、布光，以及多次排练来完成，相反，电视新闻强调的是纪实性，强调还原真实的新闻现场，因而多采用长镜头、固定镜头、跟拍、同期声等视听手法。

新闻的客观性主要是指新闻报道需要按照事物的本来面目来反映它，记者、编辑等新闻报道者不应加入过多的主观倾向、情感态度等去左右对新闻的报道，应该把认知、理解、评判的权力与标准交给观众。电视新闻的真实性和客观性是相辅相成的，对客观性的强调最终也是为了实现真实性。但事实上，电视新闻的纯粹客观性几乎无法实现，从记者和编辑的角度而言，他们在选题的策划、报道的角度、拍摄的手法上已经或多或少地加入了自身的主观想法。因而，我们只能“尽量”保证电视新闻节目的客观性。

二、电视新闻节目的类型

电视新闻节目可以说是伴随着电视的产生而产生的，经过近一个世纪的发展，在传播技术与制作理念不断进步的同时，电视新闻节目的形态与产生之初相比早已有了翻天覆地的变化。从表现形式和体裁上来看，电视新闻节目的类型大致可以分为以下几种：

（一）消息类电视新闻节目

电视新闻节目有广义和狭义之分，广义的电视新闻节目包括了消息、采访、调查、评论、深度报道等所有形式与类别的电视新闻节目，而狭义的电视新闻节目一般指的是消息类电视新闻节目。由此能看出，消息类电视新闻节目是电视新闻节目中重要的类型，是电视新闻节目的主干、核心部分。消息类电视新闻节目指采用集纳的方式，声画一体地对新近或正在发生的新闻事件予以快速直观报道的新闻节目类型，[①]一般来说要坚持真实、客观的原则，具有直观、快捷、简短等特点，例如中央电视台《新闻联播》就是一档典型的消息类电视新闻节目，各省、市电视台一般也都开办了新闻联播类节目，均是各电视台传播热点信息的主要渠道。

消息类电视新闻节目的主要特点是：篇幅短小、内容广泛、及时迅速。消息类电视新闻节目的每则新闻报道的篇幅都较为短小。短消息的时间长度可能不到一分钟，简要介绍清楚事件发生的时间、地点、人物、过程、主题即可，一般要求运用言简意赅的文字和具有视觉冲击力的画面来报道，要求在有限的时间里包含尽可能多的信息，不追求细节，但强调事件发生的主要经过。长消息的新闻报道也要控制在3—5分钟之内，既可以针对某一个具体事件进行拓展和延伸性报道，也可以就某一个广受争议的话题进行报道。与短消息新闻相比，长消息新闻需要有一定的立意和深度，但是在报道手法上仍然要求简单明了，不必详细解读和深入分析。例如，2017年第二十七届中国新闻奖的一等奖作品《中国笔王贝发小笔尖大制造　杭州G20元首笔撬动高端市场》，时长仅为3分59秒，以“中国好笔”热销这一小事件为线，串起“总理之问”“杭州G20峰会效应”等大事件，展现中国制造新路径，起到了“一滴水里看世界”的功效。[②]

与其他类型的电视新闻节目比较而言，消息类新闻由于长度较短，因而可以尽可能多地容纳于一期固定时长的节目中，内容覆盖面也就更加广泛。例如，《新闻联播》的固定时长为一期节目30分钟，在这30分钟里，可以报道大大小小的新闻数十条，信息量庞大，内容涵盖了国内外的热点事件与话题。消息类电视新闻节目为观众打开了一扇了解世界的窗口，这就要求节目必须要以最快的速度将新闻信息传递给观众，它的时效性是“今天”，是刚刚或正在发生、发展的事件。

（二）深度报道类电视新闻节目

深度报道类电视新闻节目一般“以新近发生或发现的具有一定社会意义并有深度报道价值的人物、事件、经验和社会现象作对象；多侧面、多视点、多层次地展现有关新闻事实与相关的背景材料，说明事实的来龙去脉、前因后果，分析其现象与本质、内在条件与外在条件之间的相互关系，从而揭示主题的深刻意义”[③]。中央电视台

---

① 吕正标，王嘉．电视新闻节目理念、形态与实务［M］．北京：中国广播电视出版社，2004：31.

② 中国记协．中国笔王贝发小笔尖大制造 杭州G20元首笔撬动高端市场［EB/OL］.http://www.xinhuanet.com//zgjx/2017-06/14/c_136362644.htm.

③ 赵玉明，王福顺．中外广播电视百科全书［M］．北京：中国广播电视出版社，1995：61.

的《新闻调查》《焦点访谈》等都是非常具有代表性的深度报道类电视新闻节目。与消息类电视新闻节目相比较，深度报道类电视新闻节目最大的特点就是“深”，这说明深度报道类电视新闻节目不是只停留在对事件表象的报道上，而是要深入、详细、全面地挖掘事件背后的原因，反映社会生活的本质和发展趋势。深度报道类电视新闻节目的出现，代表了电视新闻从起步走向成熟，从浅层走向深层的变化。它的主要特点一般包括：

1. 社会热点选题

与消息类电视新闻节目“一期多条”的形式有所不同，深度报道类电视新闻节目一般一期只做一个话题或事件的深入报道，那么每期的选题就需要非常慎重了。并不是所有的新闻事实都可以做深入报道，只有那些广受社会关注并对社会生活与发展产生重要影响的话题和事件才有深度报道的价值。例如，2018 年 7 月 5 日，电影《我不是药神》在国内上映，这是一部现实主义题材的作品，以“天价药”为切入点，正面聚焦了中国人十几年甚至几十年来都不曾解决的“看病贵、看病难”的问题。影片上映之后得到了观众的广泛关注，取得了 30 余亿元的票房成绩。一时间，医患关系、药价过高等问题再一次登上了舆论的风口浪尖。李克强总理就影片引发的热议也作出批示，要求有关部门加快落实抗癌药降价保供等相关措施。2018 年 10 月 30 日，《焦点访谈》制作并播出了深度报道《抗癌药降价了》，围绕的正是社会讨论的热点话题——“天价药”而展开的。这期节目关注了“17 种抗癌药纳入了医保范围，从而减轻患者负担”的新闻事件，同时深入展现了这种幅度的降价背后所经历的艰难过程，以及该举措对医保体系、医药产业产生的深层次影响。《焦点访谈》的这期节目正体现了它的十二字选题方针：领导重视，群众关心，普遍存在。

2. 深入挖掘

社会热点事件或话题往往非常复杂，不是通过一两分钟、几个镜头就能讲述清楚的，需要多方面、多角度地给予立体化、深层次的展现。因此，深度报道除了交代新闻事实“何时、何地、何人、何事件”等基本信息外，需要详细解释事件的细节信息，并告诉观众“为什么”以及“怎么样”，必要时挖掘出事件背后不为人知的真相。例如，《新闻调查——单身男女》这期节目关注的是当下社会中在适婚年龄却依然单身的都市男女。节目以当下热播的有关单身男女的影视作品《非诚勿扰》《剩者为王》等为切入点，引入教育部与民政局的数据，证明在中国的大城市中确实存在着“剩男剩女”的现象。然后，节目采访了 5 位年龄、工作、收入等均有差异的单身男女，以他们为代表，展现了许多都市男女一直单身的状态，分析了他们单身的普遍原因，呈现出两代人极具差异的婚姻观，讨论了车、房等经济基础和现代青年“寻求感觉”的择偶观所带来的影响。同时，节目在最后提到，不仅仅是中国，英国、美国等其他国家也都存在着“剩男剩女”的现象，这是快速推进的现代化进程所带来的问题。

由此我们可以看到，深度报道类电视新闻节目不是简单将事实陈述一遍，而是重在深入挖掘，重在解释探讨，重在用理性与思辨去分析事实、预测趋势。

3. 表现手法多样

形式服务于内容。深度报道类电视新闻节目要立体化、多层次地表达主题，因此要求其表现手法需要呈现多样化的特点。

从结构上看，深度报道依据选题的不同，可以采取多种结构方式。中心串联式是最基础、最常用的方式，它以一条或多条主线贯穿始终，主线不一定就是主题，但是会串联起与主题相关的方方面面。例如，在《新闻调查——开往春天的地铁》这期节目中，虽然地铁是标题中的关键词，并且从头到尾贯穿全片，但是节目并不是要表现地铁的制造工艺、技术标准等信息，而是用北京拥挤的地铁串联起在这个城市奋斗的年轻人和地铁工作人员的故事，表现出他们积极乐观的生活态度和认真负责的工作态度。除了中心串联式外，深度报道类电视新闻节目还可以采用逐层递进式、段落式等结构来表现主题。

从形态上看，人物采访、演播室播报、现场报道、新闻评论、暗访调查等都是深度报道类电视新闻节目可以运用的方式，目的都是探究新闻事实。例如，《岩松看美国之黄色的特权（校车）》中采用了主持人现场报道、权威人物采访、群众采访、解说评论、影视资料引用等多种方式，来表现美国校车的特点。

总之，一切能够为深度报道服务、有助于挖掘主题的表现手段与方法都可以使用。

（三）电视新闻杂志节目

电视新闻杂志节目指的是“在形式上把电视新闻节目杂志化，将不同内容和形式的新闻版块化，形成一种多主题、多角度、多层次的综合型结构，是一种集多重版块特色与多种传播方式为一体的电视节目类型”①。电视新闻杂志（magazine-format documentary series）最早是由美国全国广播公司的西尔维斯特·韦沃（Syivester

① 牛鸿英，张奇．嬗变中的超越与困惑——从《东方时空》看电视新闻杂志节目的发展［J］．中国广播电视学刊，2005（2）：50-51.

Weaver）在 20 世纪 50 年代初提出的。韦沃本人也是一位实践拓荒者，于 1952 年创办了世界上第一个电视新闻杂志栏目《今天》（*Today*），又在 1954 年创办了《今晚》（*Tonight*）。我国最早的电视新闻杂志节目是上海电视台于 1987 年 7 月 5 日开播的《新闻透视》，最受观众瞩目的电视新闻杂志节目是中央电视台 1993 年 5 月 1 日开播的《东方时空》，堪称中国电视新闻杂志节目的标杆作品。

电视新闻杂志节目最主要的特点是“杂”，呈现出杂而有序、中心突出的整体效果，主要体现在：一是内容的广博性。电视新闻杂志节目的内容丰富多彩、无所不有，包含科教文卫及国内外重点信息，涉及面非常广泛，最大程度上满足观众对新闻信息的需求，不断调动观众的收视积极性。二是形式的灵活性，电视新闻杂志节目一般都会通过主持人将不同版块串联起来，每个版块都可以采用不同的形式来表现，如资讯播报、新闻访谈、直播连线、情景动画等。

中央电视台的《新闻周刊》节目就是一档典型的电视新闻杂志节目，这是一档周播节目，每周六的 22:15 首播，每期节目时长 45 分钟，一般由“新闻回顾、本周视点、人物回顾、本周人物、本周特写”这五个版块组成。我们以 2017 年 9 月 9 日的《新闻周刊》为例（见表 3–1）：

表 3–1　2017 年 9 月 9 日的《新闻周刊》

序号	版块	定位	主要内容	形式	时长
1	新闻回顾	盘点一周之内的重点新闻	①中国引领金砖合作 ②七部委叫停代币融资 ③五星酒店不换床单	资讯播报	5 分钟
2	本周视点	分析、评论近期广受关注与热议的事件和话题	“可以选择的高考”——关注高考政策的新变化	①深入报道 ②新闻评论 ③采访	20 分钟
3	人物回顾	本周受到舆论关注的多个新闻人物	①掌掴学生的老师张某 ②“无名”的文明交通督导员 ③广州马戏团团长黄迎志：拒绝马戏表演的谢幕 ④宁泽涛：成功卫冕全运会 100 米、50 米自由泳两个项目	①资讯播报 ②新闻评论	5 分钟
4	本周人物	讲述重点人物的经历	陈立雯：以农村为起点，坚持推广垃圾分类计划	人物专题报道	9 分钟
5	本周特写	叙述大新闻背景下的微观事	网络热议的趣事——退休老人爱去 KTV 唱歌，展现了退休老人丰富多彩的生活	①深度报道 ②新闻采访	6 分钟

由此可以看出，《新闻周刊》的每一个版块都有清晰的定位，信息量很大，表现形式和方法也十分多样，整体上呈现出杂而有序的特点。内容的包容性和形式的灵活

性让电视新闻杂志节目广受观众的青睐。

第二节 中外名牌电视新闻节目赏析

一、中国名牌电视新闻节目《新闻调查》

《新闻调查》是中央电视台播出的一档深度调查与报道的新闻专题节目，于1996年5月17日播出了第一期节目《宏志班》，至今已经走过20余年的风风雨雨，一直保持着较高的收视率和较好的口碑，在社会上引起了强烈而深刻的反响。

（一）概述

目前，《新闻调查》每周六晚上21：30—22：15在中央电视台新闻频道（CCTV-13）播出，每期节目时长45分钟，围绕一个事件或一个主题来展开，坚持追求真相。节目一般是以记者作为串联方式和调查主体，通过现场记录、现场采访、调查揭秘等各种手段对社会现象进行质询，对事实真相进行不断挖掘与探索，全面、详尽、深入、立体地将事实真相展现出来，讲述正在发生的历史，揭露新闻背后的新闻，为推动和谐社会的发展与进步起到了举足轻重的作用。节目的制片人与记者都是一群有新闻理想与激情的媒体人，他们具有敏锐的社会洞察力、创新的报道策划力、强悍的调查执行力，正是他们的不懈努力才成就了《新闻调查》这一央视品牌节目。

《新闻调查》的发展历程大致可以划分为四个阶段。

第一阶段是1996—2000年，在混沌中摸索与突破的初创期。在1996年5月17日播出的第一期节目中，《新闻调查》就确定了“正在发生的历史，新闻背后的新闻”的节目口号，但是其节目内容、节目形式还在不断摸索，收视率也出现波动起伏。经过两年实践经验的积累和总结，1998年，节目的方向逐步瞄准了“新闻大事件”，其宣传词为：“重大新闻事件背景调查全面深入，国计民生改革热点话题难点疑点解惑；大时代背景下的新闻故事一波三折”。在这一时期，《新闻调查》报道了美国前总统克林顿访华、政府机构改革、抗洪抢险等重大历史事件，播出了《跨世纪的政府》《面对分流的公务员》《大国的握手》《保卫荆江》《荆江：第六次洪峰》《钢铁八连》《江总书记到安徽》等很有影响力的节目。[①] 在1998年抗洪抢险的专题报道中，《新闻

① 央视国际.《新闻调查》栏目解析［EB/OL］.（2005-05-20）［2020-05-01］.http://www.cctv.com/program/xwdc/20050520/102483.shtml.

调查》的收视率就获得了不俗的表现，在同时段的专题节目中稳居第三位。

第二阶段是2000—2002年，节目的发展时期，这一时期的主要任务是寻找节目的个性。中国更早诞生的电视新闻节目如《东方时空》《焦点访谈》等，都是具有一定深度报道兼具评论与叙事功能的优秀节目，《新闻调查》该如何从这些节目中脱颖而出呢？这成了节目组急需解决的问题。通过多方讨论，节目组总结了前几年的工作经验，借鉴了国内外优秀新闻节目的案例之后，提出了“探寻事实真相”的创作理念，“明确提出要通过记者调查揭示真相，挖掘被遮蔽的事实和内幕”[①]。这一时期，《新闻调查》创作了一系列高质量的调查型专题报告，例如《行贿日记》《少女董书君》《黑色交易》《温岭黑帮真相》《绛县的经验》《海登神话》《行贿大公家》《范李之死》《远华大案》《艾滋病人小路》《南丹矿难内幕》《黑哨内幕》《药品回扣内幕》《向农民道歉》《与神话较量的人》《揭密东突恐怖势力》，等等。[②]

第三个阶段是2003—2010年，节目的成熟时期，提出做真正的“调查性报道”，解决了节目的核心竞争力问题。[③]实际上，这一时期的《新闻调查》是在逆境中求生存，遭遇了诸多困难，如频道大幅改版、播出时间调整、同类节目竞争激烈等，生存环境并不乐观。但是《新闻调查》顶住了压力，始终坚持初心不变，坚持只做优良的调查报告，创作了一批优秀的节目，如《死亡名单》《一个教师的意外死亡》《北京“非典”阻击战》《校规第二十条》《阿文的噩梦》《双城的创伤》《农民连续自杀调查》《繁峙矿难》《选举现场枪击案》《村官的价格》《派出所里的坠楼事件》《事故的背后》《无罪的代价》《天灾人祸》《张润栓的年关》《迟来的正义》《河流与村庄》《追踪投资神话》《揭秘日本军国主义》等[④]。

第四个阶段是从2010年至今，在新媒体与社交网络的冲击下，《新闻调查》进入寻求新的发展路径和契机的阶段。网络新闻的快速发展，让观众获取信息的渠道不断多元，社交媒体又给人们提供了自由评论、自主评论的平台，因此，“《新闻调查》呈现收视低迷、影响力急速下降的态势，在与同类栏目的竞争中已经处于弱势地位，勉强凭借调查性报道的特色栏目定位和央视对舆论监督类栏目的格局规划求得生

① 刘波．坚守与创新：电视深度报道的挑战与突破路径——以《新闻调查》为例［J］．新闻界，2016（22）：28-33.

② 央视国际．《新闻调查》栏目解析［EB/OL］．（2005-05-20）［2020-05-01］.http://www.cctv.com/program/xwdc/20050520/102483.shtml.

③ 央视国际．《新闻调查》栏目解析［EB/OL］．（2005-05-20）［2020-05-01］.http://www.cctv.com/program/xwdc/20050520/102483.shtml.

④ 央视国际．从受众群角度看央视《新闻调查》的社会影响［EB/OL］．（2006-04-30）［2020-05-01］.http://www.cctv.com/news/special/C15587/10/20060430/102241.shtml.

存”[①]。因此，在“互联网 +”的时代背景中，《新闻调查》也需找到新的发展路径。

但无论如何，《新闻调查》能够陪伴观众 20 余年之久，足以可见该节目强大的生命力和影响力。据不完全统计，在 20 余年的历程中，《新闻调查》荣获了诸多国际、国内大奖，包括第 36 届亚洲——太平洋地区广播联盟特别奖、第 39 届蒙特卡洛电视节纪录片类女神银质奖、中国广播电视新闻奖社教长片类一等奖、中国广播电视学会优秀电视评论节目一等奖、全国法制好新闻一等奖、全国电视评论类节目一等奖、“礼来杯”抗击非典好新闻奖、中国广播影视大奖之优秀纪录片奖、全国电视评论类“十佳节目奖”、第六届“纪录·中国”创优评析栏目类一等奖等一系列荣誉，为深度报道类节目树起了一面旗帜。

一个优秀的节目离不开优秀的团队，《新闻调查》集结了中国一大批优秀的新闻人。这些优秀的制片人、编辑、记者通过他们的“把关”，在 20 余年的时间里，徐徐地为我们展开了中国社会的多元图景，其中既有“刚硬”的重击，也有温暖的叙事，更多的是引起观众对这个社会的关注与思考。

（二）《新闻调查》的选题分类

作为周播和深度报道类电视新闻节目，《新闻调查》有时无法像消息类新闻节目那样保证对新闻事件的及时传播，但在选题上坚持选取国内外社会生活中受到普遍关注的问题。具体说来，其节目的选题大致分为四种类型：

第一类是国内重大新闻事件的专题报道。2001 年《新闻调查》制作播出的《厦门远华特大走私案——走私黑幕》就是一个很好的案例。厦门特大走私案，无论是其案值之高、偷逃税额之多，还是其作案手段的复杂度，都可以称得上是 1949 年以来重大的经济犯罪案件之一。经查证，走私犯罪集团走私的商品包括成品油、植物油、香烟、汽车、化工原料、纺织原料、通信设备、电器、西药原料等数 10 种，案值高达人民币 530 亿元，偷逃税款高达人民币 300 亿元。其规模之大，数量之多，令人触目惊心。[②]

《厦门远华特大走私案——走私黑幕》特别节目以案件的主角——厦门远华集团董事长赖昌星为主要线索，不仅揭露了走私黑幕，还揭露了官场的腐败行为。在节目中，记者对犯罪官员进行了深度采访，真实而生动地揭露了贪官的贪念及其内心的悔恨，发人深省。

---

① 常江，文家宝 . 中国电视调查性报道的困境——基于场域理论对央视《新闻调查》（2009~2014）的内容分析［J］. 新闻记者，2015（11）：74.

② 央视网 .《新闻调查》：厦门特大走私案——走私黑幕［EB/OL］.（2001-08-10）［2020-05-01］.http://www.cctv.com/news/china/20010818/6.html.

这期节目聚焦于中国罕见的特大经济犯罪案件，对整个社会都具有震慑、警醒的教育意义。该节目获中国广播电视学会 2001 年度优秀电视评论节目一等奖，中国广播电视新闻奖 2001 年度电视社教节目奖一等奖。①

第二类选题是呈现社会快速发展和转型中出现的问题和现象，揭露问题本质，探寻事实真相。2009 年 8 月 15 日，《网瘾之戒》播出，聚焦网瘾戒除中心的“电疗”行为，一时间引来强烈的舆论反响。

网络的普及是现代社会的标志，但同时也带来了一定的负面影响，青少年“网瘾”现象的频发就是其中一个非常尖锐的问题，造成了诸多恶果，不仅影响了青少年的健康成长，而且严重激化了家庭矛盾，青少年网瘾问题俨然成为严肃的社会问题。基于这种现状，山东临沂网戒中心出现在大家的视野中，据说该中心的医生杨永信的“行为矫治治疗”对网瘾少年具有奇迹般的“救治”效果，然而网上却有很多曾接受过治疗的人表示，这其实就是一种电刑。

《网瘾之戒》抓住这一社会快速发展中所产生的热点事件，将矛盾冲突层层推进，设置一个又一个的悬念，通过对杨永信、网瘾青少年、家长和专家的采访，不断求证：杨永信的“行为矫正治疗”是否真的是科学有效的网瘾治疗方法？多方的矛盾交锋与碰撞，引发观众的不断思考。虽然节目并没有直接表态与总结，但是在节目最后，当节目向家长和孩子提问时，大多数家长和孩子都毫不犹豫地举起了手（见表 3-2），从中我们能看出：极端的家庭教育观念、家长对孩子的忽略以及亲子之间缺乏沟通是造成网瘾的重要原因；而杨永信所谓的“行为矫治治疗”（电击）对青少年的身体造成了巨大的痛苦。但是，节目当中有家长提出了问题：“还有什么其他地方是我们能去的呢？还有什么其他的办法呢？请拿出来！”这其实就是社会在不断现代化的进程中所遗留下的未解难题。

表 3-2 《网瘾之戒》结尾的“提问举手”环节

向家长提问	1. 曾经对孩子使用过暴力的，请举一下手。 2. 对孩子有过过度溺爱的，也请举一下手。 3. 因为以前过于忙自己的事情，而不顾及孩子的，请举一下手。 4. 因为夫妻之间的关系不好，而发泄在孩子身上的，请举一下手。 5. 在以往有过不尊重孩子的独立人格，在言语当中刺伤孩子的，这样的行为经常有的，请举一下手。 6. 作为父母不懂得该怎么去跟孩子沟通的，请举一下手。 7. 在曾经的观念中，认为孩子是属于自己的，所以可以随意支配的，请举一下手。 8. 在上述所有的问题当中，你们认为家庭里面有问题跟孩子现在出现的这些问题有关系的，请举一下手。

① 罗丹 . 论新闻深度报道选题的时宜性——以中央电视台《新闻调查》为例［J］. 山西青年，2017（13）：278.

续表

向孩子提问	1. 在你们以往的想法当中，认为父母不爱你们的，请举一下手。 2. 认为自己的家庭关系当中，存在严重问题的，请举一下手。 3. 认为父母只顾着自己的事情，而不管自己的，请举一下手。 4. 认为自己曾经因为父母的关系而受到伤害，并且比较严重的，请举一下手。 5. 曾经在家庭中遇到过暴力的，请举一下手。 6. 认为自己在家庭当中非常孤独的，请举一下手。 7. 有过自杀念头的，请举一下手。 8. 认为自己非常想跟父母沟通，非常需要爱的，请举一下手。 9. 认为出现在自己身上的网瘾跟家庭当中存在的问题有关的，请举一下手。

第三类是在大时代背景下，个人或特定群体的人文故事。2005 年 11 月 8 日，《新闻调查》在记者节这天播出了《记者的故事》，讲述了新闻记者们不为人知的酸甜苦辣。

这期节目选取了 6 名新闻记者的个人故事进行展现，折射出中国记者坚守公平、正义职责的操守，让社会公众对记者这一份职业有了更加深刻的了解与认识。这 6 名记者是大时代背景下所有中国记者的缩影，他们记录着历史，见证着时代的发展，在精彩的新闻报道背后付出了巨大的辛劳、情感、勇气。

《新闻调查》的人物选题有很多，例如《童伴妈妈》《“孤岛”的孩子》《我是创客》《大山深处的年轻老师》《少女董书君》等，都是把焦点放在个人或群体的故事上，体现他们的精神、情感和命运，让观众看到这个时代中形形色色的人生，或让观众感动，或让观众思考。

第四类是国际重大时事追踪调查。这一类型在整体上占比较少。2012 年伦敦奥运会闭幕半个月以后，《新闻调查》于 2012 年 9 月 1 日播出了节目《伦敦奥运的另一面》。在奥运期间，人们更多的是关注精彩的体育赛事和动人的体育精神，但是很少有人会去关注因奥运场馆建设而被迫拆迁和搬家的伦敦东区的企业与居民，以及大力兴建的 34 个伦敦奥运场馆在赛后的使用和拆除情况。

节目首先讲述了伦敦东区三文鱼生产企业的商人兰斯不得不拆迁工厂的故事，展现伦敦奥运会在东区征地时实施的“强制购买令”对当地工厂所造成的困难与损失；同时，68 岁的居民朱利安通过节目的采访，表达了搬迁居民对原住社区的怀念和对政府强制拆迁的不满。节目的后半部分提出了一个疑问：伦敦的 34 个比赛场馆有很多都是临时建筑，赛后将会拆除，这一建一拆到底是有益的还是失利的？

我们可以看到，这期节目聚焦国际重大赛事——伦敦奥运会，不仅从宏观的视角为观众展现了伦敦奥运会场馆建设、强制拆迁等背后的真相，也从微观的视角去探讨了在国家主体行为中小人物命运的何去何从。

（三）《新闻调查》的节目特色

1. 记者具有多重身份

《新闻调查》集结了诸多央视优秀的记者，他们在节目中往往有多重身份，既是记者，也是主持人，必要时还要充当起“侦探”的角色。

《新闻调查》是结合了深度报道和调查报告为一体的电视新闻节目。首先，《新闻调查》的记者是记录和报道的主体，将收集到的信息、采访到的人物、拍摄到的画面传播出来。其次，《新闻调查》不是短消息类新闻播报节目，而是每期长达 45 分钟围绕事实进行多方面、立体型的专题报道，因此，节目内部必然需要一定的结构方式。无论是并列结构还是逐层递进式结构，都会将报道的过程细分化、阶段化，此时，记者就要承担起主持人的角色，将整个节目串联起来，承上启下、起承转合，让节目形成一个具有逻辑性、层次性的整体。再次，《新闻调查》的“调查性”决定了记者在某些情况下还需要摇身变成“侦探”，因为很多事实的真相是隐蔽的、掩埋的、不为人知的，挖掘真相的过程其实就像侦探办案一样，所以记者需要带领观众抽丝剥茧，拨开层层迷雾，直达事情背后的真相。

多重身份聚为一体，让记者的功能发挥到最大，是《新闻调查》区别于其他新闻节目的重要特色。

2. 强调新闻的叙事性

叙事性并不是指要按照影视剧的叙事方法，对事件进行修改和编撰，而是在不违反新闻“真实性”原则下，在尊重新闻事实的基础上，通过各类叙事策略与结构方式，让电视新闻报道更具可看性。

首先，《新闻调查》不讲假大空的话语，无论每期节目是何选题，最终落脚点都在叙事上，通过典型的故事案例来表达主题。例如，2012 年 6 月 30 日播出的《漂在香港》反映的是内地青年选择去香港学习和工作的现状。节目将这个话题落实到 4 个人物身上，每个人物的年龄、学历、职业、收入、出生地、兴趣爱好等情况都不相同，他们中有在香港求学的，有在香港求职的，有在香港投亲的；有金融高管，有公益机构的义工，有优秀的舞蹈演员……总之，人物故事具有差异性、多元性和典型性的特点。节目通过讲述这 4 个人物在香港学习与工作的经历和故事，将选题从点扩散到面，体现了所有“港漂一族”的现状。

其次，根据不同的题材需求，《新闻调查》会采取不同的叙事技巧，例如，在

《漂在香港》《开往春天的地铁》中采用的就是多线索叙事的方法；在《一只猫的死亡》《象牙之殇》中采用的是逐层递进的叙事方法；在《网戒之瘾》中采用的是对比分析、推理挖掘的叙事方法……《新闻调查》的叙事方法与技巧非常灵活，因此能让内容变得更加生动与鲜活，更容易被观众接受。

3. 设置悬念，吸引观众，挖掘真相

调查的目的在于挖掘真相，这个过程一定不是一蹴而就的，因此，调查的过程实际上也是不断遇到问题和解决问题的过程。《新闻调查》善于在调查的过程中将自己的疑问公布出来，不断设置悬念，引发观众的好奇，让观众一起跟着节目探寻其中所涉及的问题，例如，在《厦门特大走私案——罪恶陷阱》中，解说不断设置悬念：

为什么一个只读了小学三年级的人却能够要风得风要雨得雨，导演出了新中国历史上最大的一起走私大案呢？

这座看上去普普通通的办公楼，究竟有什么样的魔力，能够让这么多人对它流连忘返趋之若鹜呢？

那么在这幅画的主人赖昌星的心目当中，什么样的人可能成为他的猎物，什么样的人可能会成为他的目标呢？

究竟是什么人会铤而走险不顾一切地为他（赖昌星）通风报信呢？

…………

这些疑问不断调动观众的兴趣，让观众跟随记者的调查去观察事情的真相原委。悬念因结果的不可预测性而充满吸引力，让观众就不知不觉地参与故事中来，并抱有强烈的期待感。《双城的创伤》调查了甘肃武威发生的少年连续服毒事件，第一个服毒自杀的是一名叫苗苗的小学生。为了探究死因，记者采访了苗苗的同学小杨。

记者：我只想问你一句，就是说，除了我现在知道的所有原因外，是不是还有别的原因？我不需要你告诉我，我只需要你告诉我这一点，让我自己去调查。

小杨：有的。

记者：严重吗？

小杨：很严重。

记者：我想去现场看一看。我明天会去你们学校。明天，我能不能带你一道去？

小杨：我和你一道。

记者：你跟我一起去？

小杨：嗯。

记者：你真的跟我一起去吗？

小杨：去。

记者：为什么？

小杨：因为我也想再看一下。

这段采访所设置的悬念让观众产生紧张感，从而对苗苗的死因更加好奇——到底有什么不为人知的死因，到底有多严重，现场到底是什么样的……观众不由自主地掉入悬念的“陷阱”中，跟随节目的节奏去探寻真相。

4. 保持中立，隐藏态度

客观性是所有新闻的制作与传播原则，也就是说，记者和编辑要秉承公平公正的态度去制作新闻，不偏不倚、实事求是，在新闻传播时不带有个人感情色彩、主观倾向，拒绝被他方左右，保持着新闻的“零度风格”。《新闻调查》中很少出现主持人或者节目组直接发表关于新闻事件的看法及评论的情况，更多的是对于新闻事实的阐述，对于新闻事件的还原，对于多方证人的采访等一系列客观中立的事实表述。[①] 例如，在《网瘾之戒》的报道中，尽管观众都能看出杨永信在撒谎，知道杨永信所谓的“行为矫正治疗”就是电刑，是对青少年身心的巨大伤害，是违背社会伦理道德的行为，是应该被鄙视和唾弃的，但节目中没有一句贬低和讽刺杨永信的话，所有的措辞都是客观的、不带情感倾向的。节目尽可能将真相展现出来，至于杨永信的做法是好是坏就交给观众去定夺。

当然，《新闻调查》也不是没有态度的电视新闻节目，但是它的态度表达是隐藏的、潜移默化的。新闻材料的选取和后期剪辑都能实现这种“隐性”的态度表达。例如，《开往春天的地铁》记录了北京地铁在早晚高峰时异常拥挤的状态，节目戏称这是“一场没有硝烟的战争”，早高峰挤地铁是在“冲锋陷阵”。但是即便在这种环境下，节目中的主要人物——北漂青年罗心、站台人员李思野和曹立新、地铁司机廖明没有一个人有过任何抱怨，他们都对自己的生活和工作充满信心与热情，表现出积极、乐观的人生态度。这其实就是记者在挑选典型人物的典型故事的“把关”行为，即只选取那些充满正能量的人物故事，剔除了负能量的存在。

---

① 邹宏萍，齐君 . 浅析调查性报道的叙事方式——以《新闻调查》为例［J］. 中外交流，2018（14）：14.

事实上，任何媒体都做不到绝对的客观性，无论是编辑、记者还是制作人、编导，当他们在选题、采访、拍摄、剪辑时，都避免不了调动自己的主观能动性。但只要节目整体上没有直接表达观点、没有过于情绪化的总结，都是可以令人理解与接受的。

二、美国名牌电视新闻节目：《60 分钟》

《60 分钟》英文全称是 *60Minutes*，是美国哥伦比亚广播公司（CBS）的一档新闻杂志类节目，创办于 1968 年，同年 9 月 24 日在美国哥伦比亚广播公司首播，创始制片人是刚刚从美联社转投美国哥伦比亚广播公司的唐·休伊特（Don Hewitt）。

（一）节目概述

1966 年到 1967 年之间，唐·休伊特就在考虑创办一种新型的个人化新闻了，他认为当时的“《CBS 报道》《NBC 白皮书》和《ABC 特写》等纪实节目都只是公司的代言人，人们不会愿意听公司在那里说三道四”[①]。而后，他产生了一个想法，就是将当时美国哥伦比亚广播公司的两档节目《人与人》和《现在请看》合二为一，目的是“既满足广播网的精神要求，同时又能保证其经济来源。只要我们既能浏览玛丽莲·梦露的壁橱，又能参观罗伯特·奥本海默的实验室就行了。在不损害新闻真实性的同时，我们可以使其变得轻松有趣”[②]。连他自己都说，这种节目形式特别像美国的《生活》杂志。

随后，唐·休伊特向美国哥伦比亚广播公司的管理层表述了这一想法，但当时并没有得到采纳，直到 1968 年年初，当时的美国哥伦比亚广播公司新闻部经理查德·S. 萨伦特才勉强同意了节目的提议，而该节目的名字就是从唐·休伊特的备忘录中提到的“黄金时间的 60 分钟”而来的。唐·休伊特表示他想做的故事是有趣的故事和吸引人的故事，并把每个故事编辑成 12 到 15 分钟的样子。就这样，《60 分钟》诞生了，从首播节目开始就确定了“电视新闻杂志”的基调，这在当时是一种全新的电视节目形式。

但是在随后几年时间里，节目的反响一直平淡无奇，在美国尼尔森当时的收视调查中只排在第 51 位。当时谁也没有想到，《60 分钟》将会生存长达半个多世纪的时间，成为美国电视荧屏上历史最悠久的王牌节目之一。这一切的转机出现在 1975 年，时任美国哥伦比亚广播公司娱乐部副总经理的奥斯卡·卡茨调整了节目的时间，将节目固定在周六晚上 7 点至 8 点的黄金时段播出，从那时起，节目开始大受欢迎，收视率也开始节节上升。

---

① 唐·休伊特.60 分钟——黄金档电视栏目的 50 年历程［M］. 北京：清华大学出版社，2004：70.
② 唐·休伊特.60 分钟——黄金档电视栏目的 50 年历程［M］. 北京：清华大学出版社，2004：71.

《60分钟》结束了新闻赔钱的历史，早在1993年之前，该节目就已为美国哥伦比亚广播公司赚取了大约13亿美元的收入[①]。同时，《60分钟》不仅是美国新闻史上开播时间最长、收视率最高的10个电视节目之一，还是获得艾美奖最多的电视节目，是美国有史以来最成功的电视新闻杂志类节目。它陪伴了美国几代人的成长，很少有电视节目像它这样可以打破时代的隔阂，为几代人所共爱。

（二）节目主要内容

《60分钟》的标志是一只滴答走动的“钟表”，这既是节目的一种仪式感，也可以提醒观众本期的节目还剩余多长时间，能够更好地带领观众观看。

《60分钟》开创了电视新闻杂志节目的先河，一期节目60分钟，除去开头、片花、广告以外，节目主体通常由四个版块组成：三则新闻深度报道和一则新闻评论。第一则深度报道的内容一般是当下最重要、最热议的事件或人物，聚焦在总统大选、财政改革等政治性和时效性较强的话题上，所占时间也比较长，大约在20分钟左右。第二则深度报道所关注的一般是社会性选题，如环境、医疗、教育等，所占时长比第一则报道短；第三则深度报道的选题与风格一般轻松一点，报道对象通常是文化、经济、娱乐、体育界的话题人物。例如，2019年9月1日的节目中呈现的三则新闻报道分别是，重大事件选题“美国外交官在国外所遭受的脑部创伤可能是由敌国政府所致”、教育选题“纽约大学医学院将如何减免学费”、体育娱乐选题“与世界冲浪冠军加勒特·麦克纳马拉一起在拿撒勒（葡萄牙的小镇）乘风破浪”。这三个版块的结构基本一致，开头都是出镜记者本人在演播室里进行简单介绍，紧接着播放报道和采访内容。待结束时，出镜记者回到演播室里对该则新闻报道做出简单的总结。

三则新闻深度报道结束后，节目主持人会对本期节目进行3—5分钟的简短评论，语言诙谐、幽默，多以社会热点问题为主要的评论对象。有时在节目最后，主持人会针对观众发来的反馈意见进行解释和说明。

通过梳理，我们发现《60分钟》的选题一般集中在以下几个方面：

第一，时政选题，以在美国及与美国经济和安全相关的全球政治生活中新近或正在发生的事实报道和政治人物采访为主，主要表现为政党、社会集团、社会势力、政治人物在处理国家生活和国际关系方面的方针、政策与活动。例如，节目曾对伊拉克战争、“9·11”恐怖袭击等事件进行了深度的报道，也曾多次采访了美国前总统奥巴马。

第二，社会民生选题，以美国社会的焦点话题和与人民生活息息相关的问题为

---

① 廖亮．当代世界电视［M］．上海：上海交通大学出版社，2007：120.

主，例如医疗改革、教育制度、法律保障、交通设施等。例如，2019 年 3 月 3 日的节目讲述了美国铁路的安全措施，2019 年 3 月 24 日的节目探讨了体育博彩合法化会减少腐败还是鼓励腐败的问题，2019 年 4 月 21 日的节目探秘了医疗科技问题——超级细菌（Superbugs）是否会成为比癌症更厉害的杀手。

除此之外，节目还特别关注有较高社会影响力的人物，如首位登月的宇航员尼尔·奥尔登·阿姆斯特朗、中国阿里巴巴集团创始人马云等多位知名人士。

第三，体育娱乐选题，聚焦在体育娱乐事件，或者专访知名演员、歌手、明星、运动员等。例如，节目曾采访过英国足球运动员大卫·贝克汉姆、《悲惨世界》的主演休·杰克曼、知名歌手“火星哥”布鲁诺·马尔斯等，这一类型的访谈一般具有较强的娱乐性，深受观众喜爱。

随着节目的发展，《60 分钟》的选题不再仅是取材于美国和美国人民，它的目光已经放眼世界，报道的选题范围越来越宽广，给这个年过“半百”的节目不断注入新的内容，让它依然散发着活力。

（三）《60 分钟》的节目特色

1. 讲好故事

作为电视新闻节目，《60 分钟》摆脱了以演播室为中心进行的严肃的、模式化的新闻稿件朗读式报道，而是在记者的调查采访下，通过丰富的视听语言、多样的编排手法和灵活的叙事技巧将新闻事实以“故事”的形式呈现出来，增加事实的逻辑性、层次性、悬念性，达到吸引观众的目的。当然，“讲故事”的叙事方法不代表虚构和胡编乱造，“讲故事”只是一种形式，节目的首要原则仍然是坚持真实性与客观性。“讲故事”的形式一般有三种：

（1）侦探式叙事

在这种叙事形式中，记者的身份变成了侦探，带领观众去调查、挖掘事件中不为人知的真相，一般采用悬念设置、铺陈推进等叙事技巧。侦探式叙事往往悬念重重，故事具有一定的曲折性，叙事以探究真相为主要前提。例如，在 2013 年 4 月 28 日的节目中，记者前往监狱采访了美国历史上杀人数量最多的凶手之一——查尔斯·卡伦。查尔斯·卡伦曾是重症监护室的护士，他承认在 16 年的时间里，在 7 所医院杀死了 40 多人。记者通过与杀人犯面对面的采访，以及与专家和调查人员的分析，试图探究查尔斯·卡伦杀人的动机。

（2）分析式叙事

现代社会是一个信息爆炸的时代，但同时也是一个信息碎片化的时代，因此，很多时候人们对某一个事物或某一个事件的认知是一知半解的，或者说是肤浅的、粗略的、模糊的、片面的。分析式叙事就是客观、公正、全面地对事物和事件进行解读，提高观众的认知水平。例如在 2013 年 5 月 19 日的节目中，记者就带领观众解读了“人脸识别”的技术，让观众对这项技术有了更加深刻、全面的认知。

（3）游客式叙事

所谓“游客”，就是指记者以旁观者的角度去记录和叙事，不发表意见也不分析评论，没有深入调查也不追求真理，更多的是展示事实给观众。而观众也乐于跟随记者的脚步去观望无奇不有的大千世界。例如，2014 年 7 月 20 日的节目呈现了一个非常有趣的话题——腹黑又幽默的《纽约客》杂志漫画家的故事。记者实地了解了筛选画作的流程，采访和报道了负责筛选的卡通编辑鲍勃·曼考夫的故事，并戏称他自身就像一个卡通人物。节目不仅呈现了《纽约客》杂志中登出的受人欢迎的有趣卡通漫画，还花了大量的篇幅记录鲍勃·曼考夫与卡通创作者交流和筛选画作的过程，在这个过程中，记者始终坐在一旁观看，没有采访也没有加入交谈，而像游客一样观看着整个交流和筛选的过程。整个节目几乎没有什么疑问和悬念，也没有进行过度挖掘，话题清晰明朗，让观众感到有趣而轻松。

2. 坚守公正

《60 分钟》之所以能播出 50 余年，并成为电视新闻节目的王牌和标杆之作，在业界和观众中享有相当高的权威性和公信力，主要原因就在于它一直坚守公正与客观的专业精神。它报道了其他媒体“不敢”报道的事实，提出了其他媒体“不敢”提出的质疑，采访了其他媒体“不敢”采访的人物，坚持“毫不留情披露”的作风。凭借这点，《60 分钟》曾制作出很多极具轰动效应的节目。

例如，美国前总统克林顿曾在此节目中公开承认与莱温斯基的暧昧关系，桃色丑闻的曝光轰动一时。不仅如此，《60 分钟》还曾冒着失去广告投资的危险，坚持曝光了节目最大广告商美国福特汽车公司。而最经典的一次是对杰弗里·韦根案的报道。该报道涉及一家烟草公司明知危害公众健康而隐瞒有关试验事实的揭露，哥伦比亚广播公司因为得到烟草公司的好处而删掉了有关报道内容，但后来《60 分钟》节目顶住上层压力播出此期节目，使新闻报道第一次将自己的老板放到火上烤。因此，《60 分钟》获得了公众的信任和尊敬，而烟草公司在撤掉了其在 CBS 上的广告之后不久又回到了 CBS 继续打广告。[①] 这次事情引发了舆论的广泛关注，让公众看到了电视新闻节目的准则与精神，1999 年 11 月 5 日，由此次事情改编而成的电影《惊爆内幕》在美国上映，由著名影星阿尔·帕西诺、罗素·克劳主演，并获得奥斯卡金像奖的多项提名。

节目对于公正与客观的坚持突出表现在，记者的采访提问、主持人的评论分析、解说词的解释说明都保持客观与冷静的态度，基本上不把主观的意见和观点直接表达出来，不强加给观众。记者也没有把自己的主观意志代入采访中，影响与被采访对象的交流，而是通过采访持不同意见、观点和立场的人物，给观众留下思考的空间，让观众自己去理解和评判。例如，在上文提到的连环杀手查尔斯·卡伦的采访和报道中，即便面对的是十恶不赦的、参与 40 多起凶杀案件的罪魁祸首，记者在提问的过程中无论是语气还是表情都丝毫没有表现出任何愤怒、鄙视的主观情绪，他还是坚持着客观公正的准则，冷静沉着地完成采访报道。

《60 分钟》一直以来都坚持立足真相并保证高质量的新闻报道。公正、客观、独立则是该节目的核心理念。

3.“明星”记者

唐·休伊特是《60 分钟》的创始人，也是一位对美国电视贡献巨大的传媒巨匠，在他的带领下，《60 分钟》涌现出一大批“明星”般的记者团队。这里的“明星”指的是每一位记者都建立了自己的个体性与辨识度，他们在报道中身兼记者、叙述者、主持人、探索者等多重身份，他们不但聪明能干、专业过硬，具有敏锐的洞察力，而且语言表达准确、生动、凝练，提问精准、犀利，直逼真相，具有“穷追猛打”的职业精神。最重要的是，这些记者绝对认同《60 分钟》的节目理念，坚持公正、客观、独立，热爱工作并甘愿将一生的职业生涯投入电视新闻报道当中。因此，这些明星记者深受观众喜爱，具有相当高的社会威望。

与很多新闻节目不同的是，《60 分钟》的记者鲜少有 20 岁出头的年轻人，大多为中老年人，他们大多在电视新闻业实战多年，具有丰富的采访、报道经验，处事不惊，话语严谨，十分符合节目的需求。美国著名记者迈克·华莱士是节目的创始人之一，1968 年加入节目的时候已经 50 岁了，2006 年 3 月 14 日，87 岁的华莱士宣布因为健康问题而不再担任《60 分钟》的全职记者。他为《60 分钟》节目服务了 38 年的时间，采访和报道了无数重要的新闻事件与新闻人物，包括在 1986 年 9 月 2 日独家

① 吴春光 . 从 CBS《60 分钟》看电视新闻深度报道［J］. 新闻传播，2010（8）：104-105.

采访了当时中国的领导人邓小平。

1998 年，华莱士已是 80 岁高龄，但他依然奋斗在电视新闻一线。在时任美国总统克林顿与实习生莱温斯基的性丑闻事件爆发后，华莱士没有像其他记者那样扎堆式地报道克林顿的花边新闻，而是另辟蹊径去挖掘好色神父基尔希的性丑闻案件，将观众的目光引入半个世纪以来备受争议的神职人员道德沦丧的问题上，从而掀起了新一轮的舆论狂潮，推动了罗马教廷对神职人员的整顿。这则新闻在美国社会的影响绝不亚于“拉链门”事件。

迈克・华莱士 80 多岁还在为电视新闻服务，可以说是电视新闻之光，是世界新闻史上的一个奇迹。《60 分钟》集结了一批像迈克・华莱士这样优秀、敬业的记者，正是因为他们为节目的发光发热，才有了《60 分钟》长达半个多世界的辉煌。

第三节　中外电视新闻节目对比

中外电视新闻节目体现出了电视新闻传播的基本共性，但由于国家政治背景、文化环境、受众需求等方面的差异，中外电视新闻节目无论从形式还是内容等方面都存在着一定的区别，我们可以从以下两个方面来进行分析比较。

一、选题侧重点差异

我们通过比较可以看出，西方的电视新闻节目除了报道本国新闻以外，世界新闻也占据了较大的篇幅；中国的许多电视新闻节目虽然也有世界新闻报道，但占比较少。我们梳理 2019 年 6 月和 7 月《60 分钟》与《新闻调查》的节目内容（见表 3-3），比较一下两者的选题范围。

表 3-3　2019 年 6 月和 7 月《60 分钟》与《新闻调查》节目选题

播出时间	《60 分钟》选题	播出时间	《新闻调查》选题
6 月 2 日	1. 美联储主席杰罗姆・鲍威尔的人物专访 2. 奥克兰的“最后一枪” 3.《杀死一只知更鸟》来到百老汇	6 月 1 日	追查湖南“5・26”特大生产销售有毒有害食品案
6 月 9 日	1. 中美贸易战：美国的科技产品中使用的稀有金属可能会被中断供给 2. 退休夫妇利用彩票漏洞赢得数百万美元 3. 塞缪尔・杰克逊：漫长而充满活力的职业生涯仍在全速前进	6 月 8 日	留守儿童等来了“童伴妈妈”

续表

播出时间	《60 分钟》选题	播出时间	《新闻调查》选题
6 月 16 日	1. SGB——一种可能突破性治疗创伤后应激障碍的方法 2. 西弗吉尼亚州亨廷顿市的警察、戒毒咨询师与阿片类药物危机的对抗 3.《权力的游戏》的幕后故事 4. 瑞恩・斯皮顿・格林：从少年犯到歌剧明星 5. 国家地理动物影像方舟——Photo Ark 6. 纽约爱乐乐团的新大师——雅普・范・兹韦登	6 月 15 日	再说“血荒”：已成常态的缺血问题
6 月 23 日	1. AR-15 步枪——大众枪手的首选武器 2. 关于气候变化的诉讼阻碍了美国政府对化石燃料的偏好 3. 保罗・麦卡特尼的人物专访 4. 国会女议员奥卡西奥・科尔特斯的人物专访 5. 直击马耳他的腐败指控 6. 一个另类而古怪的发明家	6 月 22 日	暗网：直击有毒有害食品的制售网络
6 月 30 日	1. 阿片类药物危机 2. 最后一位尚在人世的纽伦堡检察官想对世界说的话 3. 与托马斯・曼格尔森一起进入野外世界	6 月 29 日	大山里的女乡医——马丽
7 月 7 日	1. 巴士上的亿万富翁 2. 俄罗斯的“更新世公园” 3. 法国摄影师 JR 的展览	7 月 6 日	破解电梯的尴尬，规模宏大的老区改造
7 月 14 日	1. 如何提高人工智能 2. 约翰・格林：了解年轻人，治疗精神疾病 3. 主厨马西莫・博图拉——“意大利面界”的帕瓦罗蒂	7 月 13 日	“我在高职上大学”——被称为“淘宝大学”的义乌工商职业技术学院
7 月 21 日	1. 荷兰利用雨水来减轻飓风造成的损害 2. 救赎：重罪犯成为法律教授 3. 美国女性在蒙古学习像鹰一样展翅高飞	7 月 20 日	上海垃圾分类的争议和难题
7 月 28 日	1. 雷・达里奥的观点：财富不平等是一个国家的紧急情况 2. 机器人的拯救——福岛核灾难后的救援 3. 摩纳哥——富人的终极游乐场	7 月 27 日	毕业季的理想与现实——传统制造业的招聘与毕业生的职业规划之间的矛盾

从上表中可以看出，《60 分钟》几乎每期节目都报道了国际新闻，拥有较广阔的国际视野。《60 分钟》的记者队伍遍布世界各地，建立了强大的新闻报道与信息传输网络，时刻关注着全世界的发展动态，仅在 2019 年 6 月和 7 月的节目中，就报道了日本、摩纳哥、意大利、荷兰、俄罗斯、法国、中国、奥克兰、马耳他等国家的热点新闻事件和新闻人物。《60 分钟》以全球化的立场进行策划与报道，从而让节目成为一个视野开阔的国际平台。

《新闻调查》更多的是关注国内的大事小情和热点新闻事件，2019 年 6 月和 7 月的节目全部是国内新闻；国际事务的深度调查及解读报道比较少，而且为数不多的国际报道也均和中国事务相关，例如，2018 年 7 月 14 日播出的《普吉海上危途》讲述了在 2018 年 7 月 5 日突发的泰国普吉岛海难事件中 47 名中国游客的遇难真相，体现出《新闻调查》始终心系国家与国民的态度。由于长期对国内社会热点和新闻事件进行深度解读与报道，《新闻调查》已经成为中国观众洞察社会百态的一扇窗户。其实，无论是国际视野还是国内视角，都是新闻报道的一种节目定位和发展方向，没有优劣之分，更没有对错之别。

伴随着科技与信息技术的进步，全球信息传播新秩序正在重构之中，中国的国际话语权不断提高，中央电视台已经发展成为颇具影响力的国际传媒平台。在这样的背景下，《新闻调查》是否会跨出国门、走向国际成为受众期待的话题。其实无论是节目的资源配置还是制作水平，《新闻调查》都已经具备了建构国际化新闻平台的条件，但这也给节目提出了更高的要求，需要节目包含更广阔的人文视角与情怀，提供给观众认识社会、认识世界的窗口。

二、主持人之间的差异

电视新闻节目主持人或出镜记者是电视新闻节目形态最重要的构成元素之一，他们集社会性和人际性于一身，直接面对新闻事件和新闻人物，也直接面对观众，连接着电视荧屏与幕后，是电视新闻节目中最活跃的传播者。“电视节目主持人”这一概念首先诞生于美国，国外的主持人往往是决定电视节目成败的重要人物，有时候还掌握着节目的主导权。我国在改革开放之后才引入了“主持人”的概念，第一批主持人出现在 20 世纪 80 年代初期。中外电视新闻节目主持人在年龄层次、主持风格、影响力等方面都有着明显的差异。

从年龄层次上来说，中国的电视新闻节目的主持人主要集中在 45 岁以下，这主要因为在出镜工作中，外形往往被看得格外重要，所以女主持人一般年轻漂亮，男主持人英俊潇洒。在国外，著名的记者和主持人的年龄似乎偏大一些，都具备相当丰富的新闻从业经历，例如，哥伦比亚广播公司的明星主持人丹・拉瑟出生于 1931 年，作为美国王牌电视新闻主播之一，他绝对称得上电视新闻主持人行业的领军人物，不仅有着浑厚迷人的嗓音，还具有敏锐的洞察力和尖锐的语言风格，尤其在政治事件报道方面占有举足轻重的地位。然而，丹・拉瑟是在 50 岁的时候才登上主播台的，成为《晚间新闻》的主持人，在此之前，他在新闻行业工作了二十余年的时间，一直在积蓄力量。但更令人难以置信的是，2005 年，丹・拉瑟离开了《晚间新闻》，观众都以为他会光荣退休，没想到他转而到《60 分钟》当起了全职记者，彼时已是 74 岁高龄。其实在国外，有许多这样的“高龄”新闻主持人，他们在电视新闻领域摸爬滚打了几十年，虽白发苍苍却依然对新闻主播工作充满热情，对新闻话题的分析也往往更加透彻和深入。

从主持风格上来说，我国电视新闻节目中的主持人代表着国家的权威声音，也代表广大人民群众的立场，因此主持人整体风格偏向于正直、端庄、严肃、大气。而国外的许多新闻媒体有着较强的商业风格，且与不同的政党或财团“结盟”，因此主持人的风格较为多样，而且往往言辞犀利，善于挖掘矛盾，以博得眼球。例如，2019年5月30日晚8点，中国国际电视台的主播刘欣与美国福克斯商业频道主播翠西·里根的一场辩论引起中外观众的热切关注，这场中美主播的首次正面交锋也让我们看到了中外主持人风格上的差异。刘欣妆容干净，短发利落，在对话过程秉持中国人的谦和与礼貌，言语上不卑不亢、娓娓道来，看似平静，却字字有力，坚定地表达我方的严肃立场，逻辑清晰、论证充分，体现了中国主播开放的胸襟和自信的气度，也让世人感受到中国人的内在素养和文明风范。我们再来看一下翠西·里根，她曾参加过美国选美比赛，外形较为艳丽，主持风格比较犀利，曾在节目和社交网络中数次言辞犀利地抨击中国，表现出咄咄逼人的态度。在这次辩论中，她的态度有所收敛，展现出温和倾听的姿态，但字里行间中仍然能感受到她的“锋芒”。

从影响力来看，外国的许多主持人的权力和影响力比较大。这源自西方的“主持人中心制”，认为主持人拥有较大权力，是节目主导者。曾有美国电视界权威人士认为，一个新闻节目的成功有80%的因素要归功于主持人，可见主持人在西方电视新闻节目中的重要性。这种现象与外国电视网运作机制关系密切，无论是私有制还是公营制，收视率和市场份额一直都是电视节目追逐的对象，而主持人常常成为吸引观众眼球的重要因素。因此，电视新闻节目为了提高收视率就要推出有吸引力的明星主持人，并依靠这些明星主持人来稳定受众群体。这让新闻主播拥有较大的发言权和控制权，甚至可以决定哪些新闻可以播报，哪些新闻不必播报，以及每条新闻该如何播报。由此可见，在外国电视新闻节目中，主持人的影响力非常大，他们在一定程度上决定着电视新闻的报道内容和报道方式，并对于公众的舆论引导起到了重要的作用。

综上所述，无论中外，电视新闻节目都是非常重要的一种节目类型，集时效性、真实性、指导性等多重特点与功能于一体，在形式上也不断创新，涌现出了《60分钟》《今天》《新闻调查》《新闻联播》等优秀节目。中外的电视新闻节目有着各自不同的特点，它们在不同的国家体制、社会背景之下为观众传播新闻信息，创作了无数经典的作品。电视新闻节目还有很大的发展空间，在全球化的语境中，中外电视新闻节目应该需要互相学习、取长补短、优化结构、打破常规，呈现出更优秀、更有影响力、更具国际化姿态的节目。

本章思考题

1. 电视新闻节目的特点是什么？
2. 请通过具体案例来分析中外电视新闻节目的异同之处。
3. 中外电视新闻节目该如何进行取长补短？

第四章　中外脱口秀节目解析

本章学习要点

- 脱口秀节目概述
- 中外名牌脱口秀节目赏析
- 中外脱口秀节目的对比

自20世纪20年代脱口秀节目诞生以来，西方的脱口秀节目经过百年的发展已经成为一种较为成熟的节目形态，并形成了一批有几十年历史的脱口秀品牌节目。我国的脱口秀节目虽然起步较晚，但经过近三十年的发展，也推出了一批在电视和网络平台上深受观众喜爱并且具有我国本土特色的脱口秀节目。本章将对脱口秀节目的概念、特点、发展历史等方面进行介绍和解读，详细分析中国和美国具有代表性的脱口秀节目，最后来比较中外脱口秀节目的不同之处。

第一节　脱口秀节目概述

一、什么是“脱口秀”

脱口秀是从英语词组 Talk Show（口才展示）中音意同译的精彩典范，用以形容人的口才很好，说出的话非常有吸引力，而且谈吐不俗，常博得众人的喝彩。后来也用以表示一种视频节目类型。其中，“Talk”规定了此类节目的核心特征，即“谈话”，而“show”翻译为“秀”，很具有汉字的表达意味，表示展现某种特长或者优势，并且是淋漓尽致地展现。脱口秀节目一般要求演员从现实出发，通过幽默的语言，活跃的思维进行二度创作，这些演员往往具备良好的口语表达能力、优秀的头脑思维等特点。目前脱口秀节目在西方十分普遍，有时是指一整套栏目，有时也是对一种主持风格的描述，西方也将我国的相声艺术称为“脱口秀”。

《广播电视简明辞典》对脱口秀的概念作如下界定：“以谈话的方式阐述对新闻事件或社会问题的看法，以具有一定程度的交流感为特点，坚持平等待人、平易近人、亲近感人的说理态度；顺应观众思路、针对观众疑虑展开论述；调动设问、比喻等表达手段启发观众的联想，使说理过程带有类似于日常交谈的思想和情感交流。”[①] 也有学者将“脱口秀节目”定义为：通过话语形式，以语言符号和非语言符号双渠道来传递信息，通过电视媒介再现或还原日常谈话状态、营造屏幕外人际传播信息场的一种节目类型，通常由主持人、嘉宾（有时还有现场观众）在演播现场围绕话题或个案展开即兴、双向、平等的交流，它本质上属于大众传播活动。[②] 这个定义不仅从传播学的角度指明了它的内涵及性质，还直观地描述了其作为电视谈话类节目的形态，具有较强的说服力和较广的涵盖面。

在西方一些国家，脱口秀分为日间播出和夜间播出两种形式。夜间播出的脱口秀内容主要是有关国家政治、政府政策、社会制度等带有意识形态色彩的社会“硬”话题，一般采用幽默风趣的语言解读深刻的问题，例如美国老牌脱口秀节目《今夜秀》《拉里·金现场》《大卫·莱特曼深夜秀》等。日间播出的脱口秀节目涉及的话题更加广泛，主要包括家庭生活、两性生活、社交、子女成长等生活类“软”话题，为家庭妇女打发无聊的闲暇时光。例如，《莉基·莱克秀》被众多青年女性喜爱，其表现形式极为活泼，节目主要讨论年轻人的服装时尚、形象、心理等话题；《奥普拉·温弗瑞秀》的内容多与老百姓的生活息息相关，且以探讨和分析为主，观众多为 18 至 49 岁的女性。美国各大电视台将周一至周五的 12 点到 18 点中大部分时间留给了脱口秀。

在我国，继 20 世纪 90 年代中期，中央电视台推出《实话实说》之后，许多电视台也纷纷效仿，相继推出许多脱口秀节目如《鲁豫有约》《真情》，此类节目如雨后春笋，令人目不暇接。现如今，网络新媒体盛行，制作精良的脱口秀节目依靠网络这个新兴传播媒介逐渐成长起来，重心也开始逐渐转向网络平台。

二、“脱口秀”的起源和历史

脱口秀这一表演形式起源于 18 世纪英格兰当地的咖啡集会与酒馆，源于人们生活中的闲聊，大家高谈阔论，口才最好的那位自然有更多说话的机会。但是，脱口秀的真正发展却是在美国。美国最早的脱口秀节目源于 20 世纪 30 年代，真正的风

---

① 赵玉明，王福顺．广播电视辞典［M］．北京：中国传媒大学出版社，1999.

② 张健．当代电视节目类型教程［M］．上海：复旦大学出版社，2011：68.

靡是在 80 年代，其中，美国有限电视新闻网（CNN）的《拉里·金现场》和哥伦比亚广播公司（CBS）的《大卫深夜秀》是众多节目的佼佼者，而美国全国广播公司（NBC）的《今夜秀》更是电视史上的经典之作。

1921 年，美国马萨诸塞州斯普林菲尔德的 WBZ 电台播放的脱口秀是脱口秀的起点。但是当时的脱口秀和现在不同，几乎没有观众参与，由主持人一人独挑大梁，单方面对观众讲话，没有观众参与对话。早期的脱口秀节目是一种以谈论时政，表达观点，并通过多人聊天等形式为主的节目类型。这类节目在 20 世纪 20 年代逐渐成为了广播节目的主要类型，在 40 年代开始频繁地出现在电视节目中，成为重要的节目样式。

在西方商业电视蓬勃发展的时代，娱乐类脱口秀节目应运而生。1948 年，由艾德·萨利文主持的第一档娱乐脱口秀节目——《小城大腕》正式播出。从此时开始，脱口秀不再仅仅是新闻评论，还包括了娱乐。

20 世纪 50 年代末期，以电视新闻先驱爱德华·默罗主持的脱口秀节目《小世界》为代表，涌现出一大批政治类脱口秀节目，内容主要涉及国家政策、时政要闻、热点事件等政治主题，且多在夜间播出。

20 世纪 80 年代起，脱口秀成为一大时尚。在美国，脱口秀节目占到了电视节目总量的 40%，对社会的影响力不可低估。脱口秀节目与社会、时政、娱乐紧密联系在一起，成为整个西方社会巨大变化的时代缩影。

1995 年由上海东方卫视播出的《东方直播室》被认为是我国脱口秀节目的开端，这档节目首次采取主持人和嘉宾现场讨论的方式评论时事热点，但是当时没有引起大家的关注。1996 年 3 月 6 日在中央电视台开播的《实话实说》，是我国首个被正式冠以“电视脱口秀”名称的节目，翻开了脱口秀节目在我国繁荣发展的一页，也是最具代表性的脱口秀电视节目。虽然它早已停播，但它的出现掀起了我国创办脱口秀节目的热潮，在它之后我国电视屏幕上陆续出现了多个脱口秀节目，例如央视的《对话》，北京卫视的《国际双行线》，湖南卫视的《背后的故事》，湖北卫视的《往事》等。随着互联网的兴起，很多视频网站开始制作小成本的网络脱口秀节目，并很快占领了网络市场，成为网络自制节目的主流形态。目前，《逻辑思维》在优酷的播放量也已过亿；腾讯视频的《吐槽大会》开播七期时的网上点播量就达 7 亿次，单期最高点播量超过 2 亿次。

三、“脱口秀”节目的特点

（一）主持人是脱口秀节目的核心

脱口秀节目的安身立命之本就是主持人本身。在脱口秀节目中，主持人不仅是一个节目的报幕人和串场者，还是决定节目内容和走向的“主导者”，是一个节目的灵魂和核心，甚至能够决定一档节目的档次和成败。“脱口”强调快速敏捷的口头表达和应变能力，这就要求主持人要具备良好的主持风格与深厚的知识储备和文化底蕴，能够驾驭主题，有效掌控全场，在节目中发挥更积极主动的作用，展现其文化坚守，能够在有突发状况时灵活应变又不失分寸；“秀”是展示和展现，展示主持人良好的形象和表演天赋，一般来说幽默的语言和丰富的舞台表演能够轻松地带领观众进入节目主题，给观众带来欢乐的同时提供审视社会的新视角，激发观众的思考。除此之外，脱口秀主持人还要具有特殊的人格魅力，主持人的性格、气质、价值取向、审美意识和道德素质等方面都要有吸引人的力量。

另外，主持人掌握着脱口秀节目的发展走向，是一档节目的标志，脱口秀节目独特的品牌差异也正是由不同风格的主持人而造就的。如罗振宇的《罗辑思维》就是为主持人量身打造的脱口秀节目。在电视更为发达的美国，无论是奥普拉·温弗瑞，还是艾伦都拥有以自己的名字命名的电视脱口秀节目。

图 4-1 《罗辑思维》海报

主持人的个人经历和性格特点，往往为脱口秀节目打上鲜明的个人色彩。《罗辑思维》的主持人罗振宇出生于安徽芜湖的一个干部家庭，从小品学兼优，1990 年考入华中科技大学新闻系本科，1994 年赴北京广播电视学院电视系攻读硕士，2004 年于中国传媒大学攻读博士。罗振宇的职业生涯开始于中央电视台，出色的撰稿能力让他连续三年成为“3・15 晚会”的总撰稿。后来离开央视，从有组织的媒体人变为自由媒体人。正是因为他出色的学历和丰富的工作经验，为他在《罗辑思维》中的出色表现打下了基础。罗振宇在《罗辑思维》中最突出的语言特点是犀利、幽默，搭配上他圆圆的脸和矮胖的体型，给观众带来十足的亲民感，拉近了观众与节目的距离。他还时常现身说法，用自嘲、调侃的手段让一些晦涩难懂的大道理变得轻松易懂。

王自健主持的《今晚 80 后脱口秀》曾是脱口秀节目的收视冠军，是圈内公认的最正宗的“美式脱口秀”。王自健是民间相声团体“相声第二班”品牌的创始人，他的相声不仅搞笑，而且“敢说真话”，王自健也因此被媒体封为“相声时评人”。《今晚 80 后脱口秀》的成功和有着“冷面笑将”绰号的王自健密不可分，因为无论何时，只要在荧屏上看到他，王自健永远带着一副呆萌、宠辱不惊的表情，不管现场舞美灯光如何绚烂多姿、现场观众如何喧闹欢腾，王自健总能保持不变的表情，被不少观众称为“面瘫主持”。王自健很具亲和力，其“呆萌”的特质也在节目中得以放大，加上其评论有趣味有力度而深受认可。

（二）新鲜有争议的话题选择

话题是脱口秀节目吸引受众关注的重要因素。如今我们处在一个信息海量化、碎片化的时代，每个人每天都接收着大量的信息，又都在遗忘着信息，这就要求每个脱口秀节目必须在海量的信息中精准地抓取有争议、有时效性，又贴近大众的话题来吸引观众的眼球。有争议的话题不仅可以提高大众的关注度，还能激发参与者的观点碰撞、言语交锋，例如 2019 年 7 月 21 日开播的《脱口秀大会》第二季第一期中脱口秀演员思文夫妇提出“‘男强女弱’的情侣关系未必真的幸福”，相反“‘男弱女强’的情侣关系也可以是一种很和谐的婚恋模式”。这个观点一经提出就获得了现场的高票支持，不少观众也在社交平台上纷纷发表自己的观点，或支持或反对。这种有争议的话题给大众提供了一个良性的讨论场，使观众在争议的讨论过程中更加理性地看待事物、分析问题。

另外，在一档脱口秀节目中，“老梗”往往会让大家觉得没有创新点，总是被提及的陈年旧事会让观众感觉在“炒冷饭”，毫无新鲜感。而具有时效性的话题不仅会增加节目的收视率，甚至可能成为大家关注的焦点，影响舆论的走向。例如《吐槽大会》这档脱口秀节目，每期节目都会邀请处于舆论风口浪尖的明星作为主咖进行演讲。

除此之外，选题的生活化同样非常重要，贴近大众生活的话题更容易让大众引起共鸣，引发大众对话题的关注和讨论。爱奇艺自制脱口秀节目《奇葩说》第四季整季节目话题就紧紧围绕日常生活中的话题展开，例如《第一次去男友爸妈家吃饭要不要主动洗碗》《毕业后混得很 normal，要不要参加同学会》《红包能不能代替礼物》《熬夜伤身，但是我快乐，还要不要熬》等话题既接地气又具有争议性，几乎每期节目播出后都能在微博上掀起一股讨论热潮，呈现出线上选手辩论、线下观众争论的景象。

（三）影像化程度是脱口秀节目的华丽外表

简单靠内容取胜的创作方式已经逐渐成为过去，脱口秀节目的策划者需要根据节目的定位、风格来选择不同的演播室风格，并对演播室的灯光、机位设计、家具摆放等进行精心安排。这不仅是为了营造良好的谈话环境，同时也是为了观众在观看节目时获得视觉上的美感。而电视屏幕上的大制作毫无疑问更是在追求视觉美上花费了不少心思。如今在脱口秀节目的舞台上充满了各种视觉效果：舞美、灯光、字幕、电脑动漫等，完美契合主持人与嘉宾的精彩演绎，使脱口秀节目更加赏心悦目。此外，脱口秀节目的舞台呈现会辅助主持人脱口秀的完成。舞台上灯光的变换、配乐的渲染、场景的搭建都对节目起到了锦上添花的作用，能够使主持人和嘉宾入情入境。总之，虽然在脱口秀节目中文本的演绎是重点，但华丽的形式也是当下观众消费的必要元素。

四、“脱口秀”节目的发展趋势

（一）节目形式越来越多样

随着受众日益多元化的审美需求和收视期待的不断提升，单一的脱口秀形式已被大众淘汰。为了迎合观众的口味，如今的脱口秀节目在早期节目的基础上对节目进行改版及重新包装，使节目的形式更新颖、内容更加丰富多彩。

在节目的表现形式上，有在演播室录制的有现场观众的脱口秀节目，有在实景场地录制的脱口秀节目，也有利用卫星通信技术让处于不同空间的嘉宾进行隔空对话的脱口秀节目。为了弥补传统脱口秀节目在单一固定的演播室内进行录制造成画面相对单调和呆板的问题，很多脱口秀节目设计了第二演播室作为补充画面穿插其中。一些脱口秀节目为了追求视觉上的动感，设计了不同场景的转换。例如：谢娜主持的脱口秀节目《娜就这么说》，这档节目除了在演播厅录制外，在“娜些私房话”环节，还搭建了一个温馨的起居室作为第二演播室，在这里，谢娜和嘉宾换上家居服，有时坐在沙发上，有时盘坐在地毯上畅所欲言，给人一种密友之间聊私房话的感觉。

在脱口秀的谈话方式上，传统的脱口秀节目形式是主持人和嘉宾在演播室内进行一对一或一对多的面对面谈话，如今辩论式脱口秀节目也被世界各国所采用。例如：我国爱奇艺的《奇葩说》、俄罗斯中心电视台（TV Center）的《说话的权力》、韩国中央东洋放送株式会社（JTBC）的《非首脑会谈》，该类型节目的收视看点主要集中在持不同观点的选手在辩论过程中产生的言语对抗。

（二）节目制作质量日益提高

随着脱口秀节目数量的增加和竞争的日益激烈，各档脱口秀节目都注重不断提高节目的质量。比如结合每期的主题，营造不同的制作氛围，包括协调主题和现场情境之间的契合，把握好场面调度、灯光舞美和道具的使用等，以便达到整体舞台的视觉美感要求，增强节目的可视性。脱口秀节目除了有外在的形式要求外，更重要的制胜法宝为内容。很多脱口秀节目在开播之前，其制作部门会搜集全新热点新闻和关键词，编辑有趣的文案和精心策划新“梗”，力求让观众产生眼前一亮的效果。这种追求高质量制作的自觉行为使脱口秀节目不断走向成熟。

（三）分众化趋势越来越明显

传统的电视脱口秀基于大众传播的特征要求受众范围大而全；而在网络时代，针对不同的受众需求来制作节目内容、制订相应的节目流程，既是当今脱口秀行业的大势所趋，也是整个电视商业化的必然要求，这些要素，不仅影响节目本身，也牵扯着许多商业利益，关乎节目组以及制作团队本身许许多多的因素。例如，由笑果文化制作的一系列网络脱口秀节目《吐槽大会》《脱口秀大会》等，主要针对的是 90 后、00 后这一批在互联网大环境下成长起来的年轻人，这些脱口秀节目充分利用网络大数据的优点，保证每一期的嘉宾和话题都是最具“看点”和“槽点”的，成功受到年轻网民们的关注；国内首档财经类脱口秀节目《吴晓波频道》聚焦财经类专业知识，它的受众 70% 为男性，而且超过 50% 的用户集中在北上广和江浙一带，简言之，《吴晓波频道》的用户主体为经济发达地区的成熟男性。

第二节　中外名牌脱口秀节目赏析

一、国内电视脱口秀节目赏析

（一）《鲁豫有约》——一档直击人心的访谈节目

图 4–2 《鲁豫有约》图标

1. 概述

《鲁豫有约》是中国香港凤凰卫视的一档电视谈话类节目，由陈鲁豫主持，于 2001 年开播，成为凤凰卫视的品牌节目之一，深受观众喜爱。这档节目于 2002 年 1 月在凤凰卫视播出第一期，之后在全国 20 多个地方电视台都有播出。2008 年 4 月 14 日，湖南卫视购买《鲁豫有约》在中国内地的独播版权并于 4 月 14 日开始播出，并更名为《快乐心灵 · 鲁豫有约》。2010 年 1 月 4 日，《鲁豫有约》以全新姿态登陆安徽卫视，并更名为《爱传万家——说出你的故事》，于每周一到周五的晚间 21:27 分播出。2015 年 4 月 16 日，《鲁豫有约》全新升级改版，并登陆旅游卫视，于每周四、五、六晚间 20 : 30 播出，同时由腾讯视频进行在线播放，于每周一到周三播出，每期播出时长在 40 分钟左右。这档节目主要是通过主持人与嘉宾的沟通交流，在主持人的引导下，让嘉宾诉说自己的人生故事，将埋藏于自己内心深处的记忆讲述出来，同观众一起见证历史，并思考人生。

2. 节目特色

（1）主持人的魅力是节目成功的一大关键

一档节目的好坏经常取决于其主持人水平的高低。《鲁豫有约》为什么能成为经典的访谈节目，很大程度上是因为陈鲁豫的主持得到了广大观众的认可。1993 年陈鲁豫毕业于中国传媒大学外语系国际新闻专业，具有深厚的新闻专业知识储备，并在第二年获得“中央电视台最受欢迎的十大节目主持人”称号，具备优秀主持人的专业素养，这为她主持《鲁豫有约》打下了坚实的基础。陈鲁豫懂得在不同的谈话氛围或语境中如何拉近与嘉宾的距离，让对方能敞开心扉畅所欲言。她作为观众能在这档节目里唯一能看到的主持人，扮演着“节拍器”的角色，把控着谈话流程，她总能不露声色地引导嘉宾将话题一点一点深入展开。知性、睿智、博学都是陈鲁豫的闪光点，也是她作为主持人的魅力所在。因而，这档访谈节目也深深打上了陈鲁豫的烙印。

（2）体现人文关怀，拉近主持人与嘉宾的距离

从这档节目的全称《鲁豫有约：说出你的故事》便可获知，这是一档深入人心并且尽力挖掘嘉宾故事的深度访谈节目，而怎样引导嘉宾说出自己的故事，则是陈鲁豫以及节目制作团队一直在思考并实践的事。陈鲁豫始终保持客观的姿态，向嘉宾提出心灵上的询问，无关风花雪月的低俗，也无关个人隐私的谗言。在嘉宾感到问题不适时，她懂得适可而止，尊重嘉宾，不会一味地追问。同时在交谈时，陈鲁豫总是看着嘉宾的眼睛，安安静静地倾听，陪着嘉宾一起再次回忆过去，她的这种不打断反而让嘉宾愿意更深层次地分享自己的故事。这是一种人文关怀，将心比心地对待以及倾听嘉宾。

（3）精准的节目定位是节目组不变的初心

嘉宾的选择水平代表着节目质量的走向。《鲁豫有约》选择的都是“有故事的人”，选择范围也非常广泛，有影视导演、影视明星、歌舞明星、体育明星等。节目中会尽量突出嘉宾主体性，通过访谈挖掘其有趣的灵魂，使观众走进他们内心的世界；同样也会邀请一些普通老百姓来诉说他们的生活，让观众能在节目中引起共鸣，从而喜爱这档节目，使节目更有意义。

（二）《天天向上》——一档让人燃起学习欲的节目

图 4–3 《天天向上》图标

1. 概述

《天天向上》是一档由湖南卫视推出的王牌脱口秀节目，节目于 2008 年 8 月 7 日起每周五晚 20 : 30 在湖南卫视首播，2016 年正式改版为大型礼仪娱乐脱口秀节目。节目以传承中华文化、传递核心价值观为主旨，其主题始终固定为传播礼仪公德知识，用各种形式来传播中国千年礼仪

之邦的礼仪文化，每期邀请演艺明星和社会特色群体以及企业界的知名人士作为嘉宾参与访谈和表演。节目开场以嘉宾秀融合脱口秀的形式展开，以主持人和嘉宾访谈互动形式为主，穿插栏目剧的表演来诠释生活中常见的礼仪知识。节目进行过程中除了访谈之外，穿插进行歌唱、舞蹈、情境表演、与场内观众互动等多种形式，着力彰显“秀”的特点。在一种节目形态中，融合了多种节目的类型与元素，氛围欢快轻松幽默。节目于 2018 年 4 月 22 日起调整至每周日晚 22:00 播出。

2. 节目特色

（1）节目嘉宾邀请范围广，明星和素人都在邀请之列

《天天向上》每期节目选择的嘉宾都来自不同的行业，总体上分为明星（影视、歌舞、新生代偶像、老一辈艺术家等不同种类）、校园里的优秀学子、从事普通职业的人（环卫工人、警察、医生等）、从事特殊职业的人（航天员、鉴定师、按摩师、配音师等）、冠军团队（世锦赛、奥运会等大赛的冠军、有名的电竞团队的队员等）等五类人。《天天向上》从开播到现在几乎采访了国内所有行业的代表，例如在 2018 年《天天向上》十周年特别节目中，节目组再次邀请以前上过节目的人，其中有女排冠军、海上搜救员、知名配音演员、当下最火的明星，等等。这档节目区别于其他节目的一个特点就是不会只请名人上节目，节目组更青睐于将更多平凡却彰显正能量的人搬上舞台，因为他们最贴近大众的生活与价值观，做出来的节目更能引起观众共鸣。

（2）节目定位准确，传播优秀传统文化是不变的宗旨

《天天向上》是一档集文化礼仪和社会公德为一体的脱口秀节目，节目风格诙谐有趣，搭配天天兄弟的主持时常让人欢声大笑，但其宗旨并不只是让人发笑这么简单，它还承载着丰富的文化内涵，通过歌舞、情境表演等方式传播中华传统优秀文化，将娱乐和文化深度融合，让观众在放松之余也能学习到优秀文化知识。这种用娱乐传递文化的方式，使节目本身更加具有传播价值，在潜移默化中影响观众，改变他们对传统文化的刻板印象，用寓教于乐的方式来唤起观众一起重温传统优秀文化，并正视中华传统优秀文化的重要性。《天天向上》同时致力于公益事业，以汪涵等几位主持人为首，积极地鼓励嘉宾同社会上正在做公益的热心人士一起参与其中，弘扬互帮互助的精神，将传统文化与现代社会结合，一步一步地引导观众拥有正确的价值观。

（3）独特的主持团队是保证收视的一大关键

《天天向上》一改过往所有综艺节目中“男女搭配”的主持阵容，清一色地使用男主持人，组建了深入人心的“天天兄弟”主持团队。每个人主持风格不尽相同，各有各的亮点和特色，搭配起来给人耳目一新的感觉。“天天兄弟”以汪涵为核心，他

是年龄最大的大哥，也是流程节奏的控制者，他的博学与机智是节目中最出彩的部分之一。节目采用以老带新的方法，让其他四个“天天兄弟”配合他主持节目。这五位主持人用自己独有的主持风格为节目增加了不同的个性色彩，同时五个人的个性融合在一起也成为节目最大的特色，他们彼此间的默契、逗趣都是舞台上珍贵的风景，他们在节目中把幽默、兄弟情展现得淋漓尽致。这种主持模式受到观众的喜爱，也成为这档节目的标志。

（4）节目内容包罗万象

在节目内容的策划设计上，节目组几乎把国内所有行业的代表性人物都请到了现场，为观众呈现不同行业里的故事。节目采用“整合资源”的方式，将现代生活与传统文化结合，达到宣传传统优秀文化的目的。每期节目在劲歌热舞的开场后，嘉宾随即出场。节目组抛弃了一味的游戏或访谈形式，而将表演和访谈互相穿插，让观众在轻松愉快中受到文化熏陶。在主题设置上基本分为四个版块，分别是：高校风云、职业探秘、文化讲堂、人物访谈。为了展现当下青年的精神面貌，节目邀请了例如上海海关学院、北京航空航天大学、厦门大学等众多人们熟知的高校学子以目前大众普遍关心的专业学习、专业特色等话题为切入点向大家展现大学生砥砺奋进的良好精神风貌，放飞青春正能量；而在职业探秘的版块中，节目组不仅邀请过警察、医生等从事常规职业的杰出人士，还邀请过例如海上救援队、电竞选手、配音员等从事特殊职业的人，来揭开大家对于特殊职业存在的疑惑；为坚持弘扬中华传统文化的节目宗旨，《天天向上》时常播出一些传统文化的教育讲堂或文化之旅，例如天天兄弟国际文化交流季、以半山书院为背景讲述中华文明礼仪等，让观众能在较为轻松的氛围中学习中华传统优秀文化；在《天天向上》播出的这十年里，节目几乎把每个行业的精英模范都请到了节目中，让他们随着主持人的询问而不断深入剖析自己的心路历程，讲述自己的成长故事、回顾自己的往事，让观众看到更加真实鲜活的嘉宾。

（三）《脱口秀大会》——与观众共鸣的喜剧

1. 概述

《脱口秀大会》是一档由腾讯视频、企鹅影视、上海笑果文化传媒有限公司联合出品的脱口秀竞技节目。该节目由李诞担任总策划，每一期节目的内容聚焦大众关心的话题，结合实时性的网络热门话题，以专业的喜剧创作能

图 4-4 《脱口秀大会》标识

力和高质量的内容输出，传递价值观念，满足观众情感诉求，创造了脱口秀节目收视的新记录。从2017年播出的第一季到2022年的第五季，节目话题屡次登上微博热搜榜引发网友热议。《脱口秀大会》每一期平均超过1亿播放量，豆瓣评分7.6分。此外，笑果文化公司在许多城市成立线下脱口秀俱乐部，在数十家高校成立脱口秀社团，让更多公众接触脱口秀文化，对于脱口秀文化的普及颇具意义。

2. 节目特点

（1）演员主体多元

《脱口秀大会》不仅有常驻的脱口秀演员，而且每季都会增加新的脱口秀演员。该节目标榜“人人都可以讲5分钟脱口秀”的口号。不同职业、不同年龄的群体都可以上台表达自己的观点，不同表演者的工作背景和生活经历为脱口秀注入新鲜活力。如“社恐式脱口秀”、“冷笑话式脱口秀”、“音乐式脱口秀”都给观众带来了新鲜特别的观看体验。

（2）节目主题直戳痛点

《脱口秀大会》作为一档语言类节目，观点的输出是打造节目爆点的关键，其主题包含职场困境、人际交往、家庭生活、婚姻恋爱、外貌焦虑、健康状态等各方面，从不同视角阐释观点，所探讨的内容并非严肃深刻的宏大议题，而是当代社会环境下老百姓面对的典型问题，非常接地气，这在一定程度上保证了受众群体的广泛性。如持女性主义观点的杨笠用“普信男”讽刺大男子主义，双胞胎演员颜怡和颜悦以“锁骨放硬币”的例子反映女性容貌焦虑，王勉用一首《追女孩之歌》讽刺畸形的饭圈文化。这些观点以脱口秀这种诙谐戏谑的方式表现出来，语言轻松搞笑，观点不失犀利，在娱乐之余传递正确价值观。观众对于节目观点的接受度较高。节目达到了在轻松氛围中输出优质内容并引发受众独立思考的目的。

（3）碎片化呈现，满足受众需求

《脱口秀大会》第五季的口号从“每个人都能讲5分钟脱口秀”变成“每个人都可以快乐5分钟”，将传达快乐作为价值导向。5分钟的脱口秀符合受众在移动端收看节目的日常习惯，以沉浸式的快节奏、密集的笑点和大量的信息最快速度俘获大众的关注，贡献出源源不断的收视流量。网络脱口秀在快节奏、碎片化的生活状态里频频抖“包袱”，让观众迅速融入情境中，从而产生情感共鸣。

（4）精挑细选的明星嘉宾

网络综艺依托的是网络平台，势必要借助年轻人对偶像的追逐与认同，并将之转换成节目的实际影响力。明星嘉宾往往自带话题，是受众关注的焦点。《脱口秀大会》

每一期节目都会邀请两位明星嘉宾，明星的加入使粉丝的热情高涨，成为节目获取网络点击量的法宝之一。

（5）脱口秀演员与观众双向参与

《脱口秀大会》建立了演员与观众双向交流的通道，节目中，演员的肢体表达和语言观点可以得到观众及时的反馈，加强了观众的参与感和互动性，在现场的观众可以发出掌声和嘘声，在屏幕前的观众也可以发送实时弹幕表达自己的观点与见解，极具沉浸感和代入感。

二、国外电视脱口秀节目赏析

（一）《艾伦秀》——轻松诙谐的平民脱口秀

图 4–5 《艾伦秀》海报

1. 概述

《艾伦秀》又名《艾伦・德杰尼勒斯秀》，是 2003 年 9 月 3 日美国哥伦比亚广播公司（CBS）推出的一档脱口秀节目，该节目结合了明星访谈、音乐表演，也有普通人的温情故事和各种小游戏。节目主持人艾伦・德杰尼勒斯（Ellen DeGeneres）以其轻松诙谐的主持风格讲述和聊天，备受观众青睐。该节目在开播首季就获得了 12 项日间艾美奖提名，赢得了包括“最佳脱口秀”在内的四个奖项，是美国电视节目中收视最高的日间脱口秀节目之一。2014 年，《艾伦秀》在中国搜狐视频首播，与美国几乎同步直播，成为搜狐视频引进的第一个美国脱口秀节目。

主持人艾伦・德杰尼勒斯于 1958 年 1 月 26 日出生于新奥尔兰的一个中产阶级家庭。她是美国著名脱口秀喜剧演员、电视节目主持人。而且艾伦是历史上唯一一位奥斯卡奖（Academy Awards）、格莱美奖（Grammy Awards）和艾美奖（Emmy Awards）都主持过的主持人。艾伦和很多脱口秀主持人一样，是从“单口相声”起家的，最早在小咖啡店喜剧俱乐部开始表演。1986 年她被脱口秀界传奇人物强尼 · 卡森（Johnny Carson）邀请上节目。后来，美国广播公司（ABC）制作播出了她主创的电视剧 *Ellen*，她才算真正开始大红大紫。

2. 节目内容

《艾伦秀》的内容分为开场秀、主持人独白、播放视频、与观众及 DJ 互动、与嘉宾聊天以及口播赞助商广告六个环节。例如在 2017 年的一期节目中，伴随着 DJ 播放的音乐开始，主持人从大屏幕后滑稽地走出来进行一段和本期节目相关的独白，并配上视频。在这段独白中，艾伦调侃自己演的电影没有获过奖，而视频内容则是艾伦将自己混入一些经典大片中，让观众看后一直发出笑声。同时艾伦会经常走入观众席与观众或现场 DJ 特维奇互动。然后进入“瞬间好心情”环节，展现了节目执行制片人安迪与两届相扑世界冠军学习相扑的趣事。节目在介绍嘉宾时会播放嘉宾的视频，随后进入艾伦和嘉宾的对话，中途会穿插播放和嘉宾有关的视频。在每一期节目中，必不可少的环节是口播赞助商广告，有时艾伦会为场外观众赠送艾伦商店的代金券或是赞助商赞助的物品。

3. 节目特色

（1）与观众的温暖互动是一大收视法宝

《艾伦秀》具有如艾伦本人一般风趣又温暖的节目风格，它的欢乐来自游戏、舞蹈以及艾伦善意的幽默。节目中出彩的部分常常来自艾伦和普通观众的互动，譬如艾伦会翻看现场观众的 Facebook 主页，翻出他们自己发的最尴尬的照片来和大家分享。她会让观众拍下自己在一无所知的路人前忽然起舞的录像，甚至还会分享那些有趣的警察记录。每一集艾伦还会和观众一起跳舞，常选出跳得奇怪和衣着品位特别的观众共舞等。艾伦说:“很多人喜欢我跳舞，并不是因为我跳得很好看，而是因为很多人想在大庭广众下跳舞却不敢。而我，让他们知道不管会不会跳，只要发自内心随性摇摆就可以让人满心欢喜。”当然，还有不能错过的就是各种好玩的游戏。

（2）恶搞有度，主持人与嘉宾同欢乐

艾伦不尖锐，她不会问让嘉宾难堪的问题，她更多的是顺着嘉宾的话，有时很不经意开个玩笑就会把嘉宾们绕进去。艾伦曾经说:“幽默不是以取笑别人为乐。”任何一个嘉宾面对艾伦都更像是在和一个老朋友聊天而非接受访问。美国的脱口秀节目，一般都会有“恶搞”的环节，但和很多脱口秀无下限的恶搞不同，《艾伦秀》的恶搞要温和很多。艾伦的恶搞包括让穿着奇装异服的工作人员悄悄走到正一本正经说话的嘉宾边上孩子气地吓对方一跳，中招的明星多得简直数不过来，反应也各不一样。

（3）公益行动收获观众之心

《艾伦秀》深受观众喜爱还有一个原因就是这个节目组以及主持人怀有一颗温暖的公益之心。比如艾伦时常邀请一些特殊的忠实观众来到节目现场观看录制，这些特殊的观众可能是家庭十分困难需要帮助的，也有可能是怀揣梦想因为现实原因尚未实现的。例如 2017 年 3 月的一期节目中，艾伦把帮助过的观众请到现场与她聊天，随后在观众说到自己会把每天工作得到的小费捐给流浪汉之后，她再一次赠送了一张 500 元的购物卡，并在现场让观众念节目赞助商雪佛兰的广告台词并赠送一辆汽车。这不仅是一个温暖的举动，也在无形中为赞助商宣传广告。另外，每逢重大节日特别是圣诞节期间，《艾伦秀》会有回馈粉丝的环节，即在赞助商的支持下送大量礼品、购物卡甚至现金。她甚至还会把观众驻扎在海外当兵的丈夫请到演播室，送一个家庭团圆的大礼。这些善举让人们逐渐明白每期节目结束时艾伦都会说的“Be kind to one another”（对彼此友好一点）的含义。

（二）《每日秀》——政治吐槽大会

图 4–6 《每日秀》海报

1. 概述

《每日秀》于1996年开播，是美国全国广播公司（NBC）喜剧中心频道的一档深夜政治吐槽脱口秀节目，时长大约30分钟，内容主要分为三个版块：主持人评论、通讯记者报道和嘉宾采访。该节目主持人一共有三位，起初为克雷格·基尔伯恩（Craig Kilborn），1998年换任乔恩·斯图尔特且主持时间最长，2015年乔恩宣布退休，继任主持人为来自南非的崔佛。在乔恩·斯图尔特担任主持人期间节目影响力最大，该节目每晚收视人数可达140万，代表美国最犀利的声音，也是美国最受大学生欢迎的节目之一。在2001至2011年间，《每日秀》共赢得18项黄金时段的艾美奖。

2. 节目特色

（1）主持人成为节目活招牌

主持人乔恩·斯图尔特是一个外表英俊潇洒、主持风格诙谐幽默、做事雷厉风行的脱口秀主持人，他的业务能力也被大众所认可，不仅主持过格莱美颁奖典礼和奥斯卡颁奖典礼，还连续获得过11次艾美奖，2004年他凭借个人魅力当选《人物》杂志的50位最具魅力人士之一。他对于《每日秀》这个节目方向的理解是："我做节目的时间越长，就越发意识到娱乐业、政治和媒体其实都在玩同样的把戏，都是为了收视率，所以我们也按同样的规则运行。什么是政治民意调查，不就是统计某一场电视秀的关注人群吗？"2015年8月6日，备受美国年轻人关注和喜爱的乔恩·斯图尔特最后一次主持《每日秀》，从此告别了他工作了16年的政治脱口秀节目。他的离开，让喜爱他的粉丝感到遗憾和不舍。甚至一向冷静的美国老牌杂志《纽约客》也登出一篇标题为《2016年大选，我们需要你》的文章对乔恩·斯图尔特的离开表示悲痛，开头一句便是"随着乔恩·斯图尔特宣布退出《每日秀》，为2016年总统大选带来一些理性声音的最后一线希望已经死亡"。由此可见，乔恩·斯图尔特在美国人心目中的地位是无法取代的。

（2）节目风格轻松活泼

《每日秀》之所以广受欢迎，与其节目制作密不可分。《每日秀》的形式和传统的新闻节目大致一样，但是定位为恶搞新闻。节目一开场就是主持人的个人脱口秀时间，他会嘲讽、揶揄最新的新闻事件或热门政治人物，以达到娱乐大众的效果。有时节目还会将有争议的名人或政客请到演播室做客，以恶搞为基调，进行新闻评述。这档节目的成功除了因为主持人乔恩·斯图尔特的聪慧和苛刻之外，另一个必要因素就是节目拥有几十位集资深记者经验和搞笑经验于一身的新闻特派员，他们总会在出外景采访时对被采访对象提出意料之外的怪异问题，新闻特派员蛮横霸道的采访方式也成为节目中的一道风景线。

（3）节目拒绝虚假的客观，坚持做最真实的自己

这档节目不受新闻客观性、公正性甚至精确性的束缚。报道者不再把自己伪装成中立的声音，而是大胆表露自己的立场，模糊了新闻、政治、娱乐之间的界限。《每日秀》不但揭示了美国政治进程的荒诞，同时也披露了报道这些新闻的媒体以及貌似博学的分析家们的荒唐。制作人马德琳·史密斯伯格说："每个人都装作自己似乎带有某种高尚的动机。但我们只是为了让别人笑。我们关注的是整个体制中那种以微小细节体现出来的荒诞。"美国相关统计显示，有 21% 的年轻人是通过这个"非正统"节目来了解新闻的。其中，在 18 至 29 岁的年轻人中，有近一半的美国人通过《每日秀》获悉与选举有关的政治信息，在成年人中则有超过 25% 的人在投票选举时的想法受《每日秀》的影响。

作为年轻观众喜爱的节目之一，该节目不仅通过传统的电视网络播出，更因互联网等方式的运用扩大了收视面，成为网上最热门的电视节目之一。

第三节　中外脱口秀节目对比

目前，我国的脱口秀节目展现出了强大的生命力，已经成为一种非常流行的节目类型。本节将通过四个视角对比分析中外脱口秀节目的不同特色。

一、制作理念

西方的脱口秀节目大多会涉及政治话题，主持人会站在自身的立场上来调侃某些政治现象，同时，与其持相反观点的嘉宾会进行反驳，因此西方的脱口秀节目强调节目选题的对抗性和话语的火药味与刺激感，具有强烈的辩论色彩。我国的脱口秀带有讨论的色彩，很多话题体现出强烈的和谐感，偶尔会出现的唇枪舌剑，会很快成为新闻，所以，在中国，绝大部分的"脱口秀"节目比较温和，注重教育意义，冲突性不强。以湖北卫视的《非正式会谈》为例，《非正式会谈》源于韩国节目《非首脑会谈》，二者都是邀请一些来自各个国家的青年代表在节目中进行交流，传播各个国家不同的文化，以增进不同国家青年之间的理解，但其和原版有所不同的地方在于，原版更多强调的是娱乐性，会或多或少地制造一些冲突感，《非正式会谈》则不然，更多的是传播中国文化，以交流讨论为目的，求同存异，消除误解与歧视，并且还加入了学习中华传统文化环节，让各国青年更好地理解并传播中华文化。

二、节目选题

一个有看点的选题是脱口秀节目成功的一半。西方的“脱口秀”节目的选题比较开放，在以冲突对抗为主要基调的前提下更加倾向于社会边缘性话题，如同性恋、吸毒、政治阴谋等。比如《吉米今夜秀》是一档标准的美国脱口秀，在每一期邀请嘉宾出场前，主持人吉米都会有一段个人时间来吐槽或评论时事。上到总统，下到议员，都会被他拿来口无遮拦地开玩笑。纵观美国脱口秀的发展，并非一开始就呈现如此开放的话题，一方面，这些选题是随着社会问题的不断涌现而出现的；另一方面，在商业利润刺激下，节目选题呈现出越来越开放的态势。

在二十多年的发展中，中国的脱口秀节目拥有了自己的特色。我国的脱口秀节目选题一般不会涉及有关国家政治、政策等敏感话题，相对趋于保守化，更多的是娱乐大众，弘扬正能量和引导舆论。如在优酷网络平台上播放的《一千零一夜》节目以梁文道的讲述进行，每一期节目都会选择在夜晚录制，且每一期节目都会由梁文道亲自选择一本书来朗读，并进行推荐和相应的解读。整个节目的话题不偏不倚，传播正确的价值取向，向广大观众普及传播知识，起到教化作用。

三、栏目建设

栏目的品牌战略是一档脱口秀得以长期生存的保护壳，对培养信任度、辨识度、观众黏度有重要的价值。美国的脱口秀节目比较注重节目的长期稳定性，打造节目品牌。在一档栏目策划之初，团队会根据大量的数据进行分析，确定节目整体的定位以及核心受众群体。节目形式与流程经过团队的精心策划，一旦成型，就会尽量保持稳定性。大多数脱口秀节目都拥有二、三十年的历史，并且节目风格稳定，主持人更换极少。奥普拉·温弗瑞、拉里·金等很多主持人倾尽全力只做一档脱口秀节目，成为这档节目的门面，为脱口秀节目的品牌做出巨大贡献。如播出时间长达25年的《奥普拉脱口秀》，奥普拉本人亲切温和，尤其特别愿意向观众表达真实的自我，所以奥普拉给整个节目打上了自己的烙印，她的情感会随着受访者情感的变化而变化，让观众会和主持人真正融合在一起，这正是《奥普拉脱口秀》风格固定且成功的理由。

我国的脱口秀节目与西方相比起步较晚，节目的品牌建设在不断探索中。以《实话实说》为例，节目在开始的几年收视率非常高，观众好评如潮。但后期节目主持人数次更替，从崔永元到和晶再到阿忆，主持风格不断改变。崔永元在开创节目之初就为节目注入了自身的鲜明特色，并且广受观众欢迎，在“后崔永元”时代，节目几经改版。但是经过多年的摸索，我国也涌现出了诸如《天天向上》等有持续发展潜力并且深受大众喜爱的脱口秀节目。《天天向上》作为一档电视娱乐脱口秀，具有该类型节目与生俱来的特点——鲜明的娱乐性、搞笑幽默的风格、主持人的伶牙俐齿等。同时节目也在原有类型的基础上不断进行尝试，无论是在形态设计还是内容建构方面都不断创新和拓展，例如打造公益主题内容、开办“青年智造课”等，栏目建设体现出长期性和精品化的特点。

表 4–1　中美部分知名“脱口秀”节目基本信息表

栏目名称	隶属媒体	开播时间	停播时间	任职时间最长的主持人 / 主持年限
《今夜》	NBC	1954.9	至今	强尼 · 卡森
《奥普拉秀》	Harpo	1986.12	2011.5	奥普拉 · 温弗瑞（25 年）
《深夜》	NBC	1993.9	至今	柯南 · 奥布赖恩
《政治不正确》	ABC	1993	至今	比尔 · 马赫
《拉里金现场秀》	CNN	1985	2010.11	拉里金（25 年）
《实话实说》	中央电视台	1996	2009	和晶（7 年）
《今晚 80 后脱口秀》	东方卫视	2012	2017	王自健（5 年）
《金星秀》	东方卫视	2015	2017	金星（3 年）
《奇葩说》	爱奇艺	2013	至今（季播）	马东
《天天向上》	湖南卫视	2008	至今	汪涵
《吐槽大会》	腾讯视频	2017	至今（季播）	张绍刚
《脱口秀大会》	腾讯视频	2017	至今（季播）	李诞

四、主持人

“脱口秀”最重要的是主持人，中西“脱口秀”节目都以主持人为核心，但最大的差异是主持人的主持风格。西方的脱口秀主持人注重人格魅力，主持人大多都已是不惑之年，生活阅历丰富，他们常常将自己的人生经验和人格魅力融入节目之中。例如美国著名的脱口秀主持人奥普拉拥有一个不幸的童年，其父母在她很小的时候离异，9 岁时遭到强奸虐待，未成年就生下孩子。她在别人眼里是个不折不扣的不良少女，抽烟、喝酒、吸毒样样沾。不过最后在父亲的严格管教下，奥普拉的生活才逐渐回归正常。奥普拉从不避讳这些异于常人的经历，甚至还常常提起与人分享，拉近与嘉宾和观众的距离。对于长期观看奥普拉节目的观众来说，她的节目更像是一场老友的闲聊、好友之间的倾诉。她总是可以站在女性的立场上剖析问题，分析的重点往往直击人心或者可以引起共鸣。她以特有的一种率真自然的沟通方式，以情动人的谈话技巧来与人交流，以至于大家把这种风格称为“奥普拉化”。

我国的脱口秀主持人注重语言魅力。例如在深圳卫视播出的《非常静距离》中，主持人李静在节目中能够很好地掌控全场，加之其轻松幽默的主持风格能使嘉宾和观众在不经意间开怀大笑，营造出不拘谨、十分和谐的谈话氛围，让嘉宾和观众自然地融入节目中去，使做节目变成了交朋友，真正做到了与嘉宾进行良好沟通。在《天天向上》中，汪涵时常用一些自娱的话语来调节氛围，使整个聊天场景不会陷入尴尬之中，例如2015年的某一期节目中，王凯唱歌后解释说："嗓子哑了没有发挥好"，而汪涵却说："哑子嗓了"，特意为王凯缓解尴尬的心情。他不是主持功底差而把"嗓子哑了"说反，而是他知道用类似于"自黑"的方式来帮助嘉宾摆脱尴尬困境。同时，汪涵经常脱口而出的长沙话，在某种程度上也会让观众觉得亲切。

五、嘉宾与现场观众

脱口秀节目现场除了主持人外，还有嘉宾和观众。一档优秀的脱口秀节目，不仅要求主持人能够把控全场，还需要主持人与嘉宾之间有默契的互动，给予观众沟通和思想上的满足，以达到节目的和谐。

在美国，脱口秀节目的嘉宾身份不固定，选择嘉宾的条件是尽可能地贴近这一期脱口秀节目的主题，他们大多是普通老百姓，可能是医生、老师，也可能是司机、收银员，甚至是囚犯，但不论他们是何种身份，主持人与嘉宾都保持平等交流、自由辩论，嘉宾通过自己的亲身经历提出有说服力的不同的意见和看法，毫不拘束，畅所欲言。现场观众也会在谈论到有共鸣的话题时站出来参与讨论，主动分享自己的经历，为嘉宾出谋划策或与之辩解。有时观众也会因为和嘉宾意见相左而争得面红耳赤，甚至拳脚相向。

我国脱口秀节目的嘉宾主要分为明星和在各行各业甚至生活中有着典型故事的人，如《朗读者》中曾在阿富汗一天接生40多个新生儿的无国界医生蒋励，《非常静距离》常邀请一些明星夫妻、当红明星来进行访谈。在节目中，嘉宾作为参与者而存在，他们往往不会公开自己的隐私生活供大家讨论，而是会结合自己的故事为大家传递正能量。我国脱口秀节目的现场观众在大多数情况下只作为旁观者聆听主持人和嘉宾的谈话，只有少数的脱口秀节目会安排观众参与提问环节。

值得一提的是，近年来我国电视脱口秀节目式微的同时，网络平台上制作和播出的脱口秀节目取得了令人瞩目的成绩。诸如《奇葩说》《脱口秀大会》《吐槽大会》等节目，避开了电视节目中常常出现的宏大叙事，在幽默中体现对社会和生活的反思，取得了不俗的经济效益和社会效益。

本章思考题

1. 脱口秀节目的特点是什么？
2. 请通过具体案例来分析中外脱口秀节目的异同。
3. 请分析一档你喜欢的脱口秀节目的特色。

第五章　中外真人秀节目解析

本章学习要点

- 真人秀节目概述
- 真人秀节目的类型及代表性案例
- 中外真人秀节目的对比

真人秀节目是近几年来我国蓬勃发展的电视节目类型，也是各大卫视角逐和竞争的着力点。几乎所有卫视都试图制作出美誉度和广告份额双赢的品牌真人秀节目。在这样的大背景下，我国真人秀节目不断创新优化，引进和制作出了许多高质量好口碑的真人秀节目。本章梳理了真人秀节目的发展历史，介绍了真人秀节目的特征，以国内外经典节目作为案例对真人秀节目进行分类，并从五个方面对国内外真人秀节目进行对比寻找差异。

第一节　电视真人秀节目概述

一、电视真人秀节目的定义及历史

（一）定义

真人秀的英文名称是 Reality Show/TV Reality，直译为“现实秀”或“现实电视”。真人秀节目是使用纪录片拍摄技术制作的电视节目，可以按照特定规则记录自愿参加者在特定情况下的比赛或体验行为，并与观众互动，力求真实和自由，以突出自己的个性。[1] 真人秀的“真”是真人秀的特色，表明它是非虚构的，它的手段是纪实；“人”是真人秀的核心，主要体现了人性与品格；“秀”是真人秀的呈现手段，指一切真实必须依靠虚拟的规则来进行。

《楚门的世界》这部电影很好地诠释了真人秀的含义：楚门是奥姆尼康电视制作公司在 30 年前收养的一个婴儿，从小到大始终生活在一座叫桃源岛的小镇上，他在小镇上的一家保险公司工作，是一名代理商，生活过得非常平静和顺利，并且娶了一位漂亮的妻子，他觉得每一天过得都像在梦里一样。后来他发现，他的生活原来是一档真人秀节目——他居住的小岛是一个巨大的摄影棚，他身边的人包括妻子、朋友皆是奥姆尼康电视制作公司里的演员，他的生活被摄像机 24 小时记录，并播给观众观看。知道真相后的楚门，不惜一切代价逃离了虚拟世界。

图 5-1 《楚门的世界》海报

从真人秀的概念中可以看出，真人秀是真实和虚构完美结合的共同体。具体说来，真人秀结合了纪录片的原始拍摄方式、游戏节目中的激励及淘汰机制、还有电视剧的戏剧化和情节化叙事方式等多种形态的电视节目元素。[2] 因此真人秀节目表现出真实和虚拟的双重美学特征：它既还原了生活的日常性，将节目中的人物设置在我们周围，甚至就是我们自己；同时它又体现了节目的非常性，所有的人物被放置在一个特定的时空环境中，为了实现目标而竞争且相互合作。

现实和虚拟这两个概念在电视节目中通常是对立的，但在真人秀中实现了某种融合，因此真人秀介于虚构和非虚构之间。在内容上，真人秀的真与秀的融合表现在以下三个方面：

表 5-1 真人秀的真与秀的融合表现

节目元素	真（非虚构）	秀（虚构）
人物	人物的非角色性	人物行为的限定性
情节	过程的非预见性	情境的规定性
悬念	结果的非确定性	竞争的目的性

① 刘利群，傅宁 . 美国电视节目形态［M］. 北京：中国传媒大学出版社，2008：130.
② 刘利群，傅宁 . 美国电视节目形态［M］. 北京：中国传媒大学出版社，2008：129.

（二）历史

“真人秀”这一专业术语在学术界的提出时间虽然不长，但是“真人秀”这一节目形态很早就以其他形式出现在节目中，尤其在国外，真人秀节目形态在20世纪50年代便已显现。我国的真人秀节目虽然起步较晚，但近些年发展势头很足，在各种节目形态中后来居上，占据了各大卫视周末的黄金时间段。以下是国内外真人秀节目的发展简史：

1. 国外真人秀节目发展简史

（1）初生阶段：真人秀的雏形阶段（20世纪50年代至60年代）

这个时期一些节目在内容方面出现了某些真人秀的元素，是早期真人秀节目的萌芽。其中，美国的游戏节目《一日女王》出现在20世纪50年代，其节目模式比较明显地具有了真人秀的雏形。该节目通过主持人与生活悲惨的女选手的谈话，将她们每个人的故事呈现给观众，然后观众投票选出最值得同情的选手成为节目的当期女王并获得最终大奖。

（2）成长阶段：真人秀的发展阶段（20世纪70年代至80年代末）

在这一阶段，出现了一些具有真人秀基本元素的电视节目。其中，1973年由美国公共广播公司（PBS）制作的《一个美国家庭》被认为是最早的真正意义上的真人秀节目。这个节目采用纪实手法，用7个月的时间追踪拍摄了来自美国加州圣芭芭拉的劳德一家共300多小时的生活片段，最后剪辑成12个小时的节目。这个节目已经具备了真实性、平民化等现代真人秀的特性。除此之外，还有比赛类真人秀节目的出现。

（3）成熟阶段：真人秀的逐渐成熟（20世纪80年代末至90年代末）

1989年，美国广播公司（ABC）播出的《美国家庭滑稽录像》开启了真人秀节目的新篇章。这档节目从1989年开播至今已经有300多期。节目会播放人们在家无意中拍摄到的趣事录像，由于内容真实有趣，赢得了观众的一致好评。这类节目大大缩短了观众和电视的距离，提高了观众的参与性；1992年美国音乐电视公司（MTV）播出《真实世界》，用摄像机镜头记录了7位素不相识的参赛者在6个月时间里同住一个屋檐下发生的各种生活故事，这一模式也陆续被其他国家复制，标志着真人秀节目进入成熟阶段；1997年，瑞典制作播出了《远征罗宾森》，被誉为“真人秀之母”，即最早的真人秀电视节目。在此之前的电视节目虽然已经具备了真人秀的元素，但并没有使用真人秀这个名称。

（4）崛起阶段：真人秀在欧美国家的盛行时期（20世纪90年代至今）

20世纪90年代，随着大型真人秀节目《老大哥》和《幸存者》的播出，真人秀节目凭借其超高的收视率和广告量在西方迅速走红。随后在全球范围内涌现出一批生存挑战类真人秀节目，《幸存者》版权也被许多国家购买，使这一节目迅速成为最受欢迎、影响力最大的节目。《幸存者》《阁楼故事》和《老大哥》等节目的播出预示着真人秀节目形态开始进入高速发展时期。

2. 国内真人秀节目的发展

目前，对于国内真人秀节目的发展尚未形成统一的阶段性划分。本文根据我国真人秀节目在不同时期呈现的特点对其发展过程进行分期。需要指出的是，各个阶段的划分并不是绝对的，各阶段之间也存在互融与交叉。这种划分只是从总体上大致反映了我国真人秀节目的阶段性特征。

（1）起步阶段（2000-2004 年）

如果不将带有某些真人秀元素的综艺节目算在内，国内第一个独立制作的真人秀节目是广东电视台推出的《生存大挑战》。节目于 2000 年 6 月开播，参加者包括湖北籍青年诗人吕岛、新加坡航空公司空姐王樱、北京老兵张钧等。这些参与者历时 6 个月，完成了 38000 公里的边境旅程。《生存大挑战》一经播出，国内的其他电视媒体便争相效仿。一时间我国电视荧屏上涌现出许多户外生存挑战类真人秀节目，如中央电视台的《金苹果》、浙江卫视的《夺宝奇兵》、贵州电视台的《峡谷生存营》等。

（2）成长阶段（2005-2009 年）

2005 年，湖南卫视推出的《超级女声》成为我国选秀类节目的巅峰作品，国内真人秀节目进入快速成长阶段。在这一阶段，电视媒体开始用产业化的方式制作和开发真人秀节目。《超级女声》的热播带动了我国选秀类真人秀的“野蛮”生长。比如央视一套的《星光大道》、东方卫视的《加油！好男儿》《我型我秀》等，都是和《超级女声》类似的以“草根群体”为主要参与者的真人秀节目。这类真人秀节目制造出“谁将被淘汰”、“谁会晋级”的悬念，营造了帮助草根实现明星梦想的氛围，激发起观众为选手投票的参与感，迅速抢占各大电视荧屏。据不完全统计，仅仅从 2006 年到 2007 年的两年间，全国各大电视台就推出了数十档选秀类节目。这段时期，相同类型真人秀节目的不断复制既造成了媒体资源的浪费，也引发了观众的审美疲劳。

（3）发展阶段:（2010-2014 年）

进入 2010 年后，我国的真人秀节目开始改变某一类型“独大”的局面，电视媒体进入对真人秀节目的进一步探索和发掘的阶段。2010 年，江苏卫视推出婚恋交友真人秀《非诚勿扰》。该节目多次在同时段电视节目中高居收视榜首。湖南卫视的《我们约会吧》、东方卫视的《百里挑一》等都是同类节目。在相亲类真人秀广受关注的同时，求职类真人秀也进入大众视野。2010 年《非你莫属》在天津卫视播出，《职来职往》在中国教育电视台开播。这两类真人秀节目由于具有显著的生活服务功能，取得了经济效益和社会效益的双赢。

2011 年，由浙江卫视联合灿星传媒制作的音乐选秀节目《中国好声音》，重新激活了我国选秀类的真人秀。这一阶段，《中国梦之声》、《我是歌手》等选秀节目都收获了佳绩。

（4）繁荣阶段:（2015 至今）

2015 年以后，伴随节目制作水平的成熟，网络真人秀的异军突起，我国的真人秀节目进入多元化发展的阶段。

这一阶段，首先是浙江卫视的《奔跑吧兄弟》与东方卫视的《极限挑战》再次重启了我国户外真人秀。与早期的户外生存挑战类真人秀节目相比，该阶段的户外真人秀弱化了“挑战”，强化了“游戏”，并且更加强调明星效应。

“慢综艺”是这一阶段真人秀节目的另一大亮点。这类真人秀将返璞归真的田园生活和温馨的市井日常作为呈现的重点，经由还原生活的本真面目带来治愈人心的力量。譬如中央电视台的《你好生活》、浙江卫视的《漂亮的房子》、湖南卫视的《向往的生活》等，都是此类真人秀节目的代表。

该阶段引发收视热潮的网络真人秀主要包括“观察式真人秀”和“推理类真人秀”两大类。在以“演播间 + 实景拍摄”为常见制作模式的观察类真人秀节目中，观众能够跟随演播室嘉宾的视角去观察实景拍摄中节目参与者的行为。多种类型的观察者带来的思想和观点碰撞，既让节目更具看点，又引发了观众的思考。腾讯视频的《心动的信号》、《令人心动的 offer》以及爱奇艺的《做家务的男人》都属于这类真人秀。

伴随剧本杀等推理游戏的流行，沉浸推理式真人秀也受到观众的喜爱。近几年，芒果 TV 的《明星大侦探》、爱奇艺的《萌探探探案》等推理类真人秀节目备受观众的追捧。究其原因，一方面是因为这类真人秀节目融入了时下年轻人中流行的推理游戏的元素；另一方面则在于这类节目的实景拍摄给观众带来沉浸式的体验，让观众仿佛置身于游戏发生的现场。

二、电视真人秀节目的特征

当前，真人秀节目在我国呈现出遍地开花的态势，节目类型深受观众喜爱。各家卫视为了提高收视率也纷纷推出真人秀节目。真人秀节目之所以这么受欢迎，与它的特征是分不开的，虽然真人秀节目借鉴了纪录片、电视剧和游戏竞赛类节目的重要元素，但是其在形态、内容、规则和受众互动上有自身鲜明的特征。

1. 表现手法的纪实性

真人秀节目是一种将纪实性和虚构性相结合的节目类型。纪实性是指真人秀中的“真”，是对整个节目过程的追踪与积累，把参与者在规定环境中的心态与情感完整地记录下来的手段。真人秀所能呈现的真实更多的是参与者的个性、性格层面，而非人性本质的层面。从某种程度上说，真人秀节目的成功一定离不开真实与细节。而真人秀的纪实性又区别于纪录片的纪实性，真人秀节目的总体节目框架是人为特定的，例如比赛制度、参赛人员的选择、录制现场环境等，而且正是这些人为因素保障了节目能在有限的时间制造和展现节目的矛盾冲突与戏剧张力，这是纪录片所不具备的。

图 5–2　湖南卫视《我是歌手》海报

《我是歌手》(现叫《歌手》)是湖南卫视制作的一档明星唱歌竞技类真人秀节目，由歌手进行唱歌比赛来逐步淘汰参赛选手并角逐最后的冠军。在节目中，除了进行歌唱表演外，每一集都有 30 分钟是与演唱本身无关的细节呈现。曾参与过这个节目的歌手李健在第一场唱完时突然醒悟:“原来歌唱比赛在这个节目只占 50%，更多的是歌手本人的表现，歌手彼此怎么互动，还有与工作人员的默契程度。歌手们舞台之外的所有碎片，包括交谈、玩笑，对同一件事发表看法、针对出场次序和结果的反应，都会真实具体地表现出来。”[①] 在有一期节目中，李健因和节目组委派的由湖南卫视主持人扮演的“临时经纪人”聊到了穿秋裤的话题，后来被观众们称呼为“秋裤男神”。

2. 角色、环境设置和矛盾冲突营造的戏剧性

戏剧是历史上最古老的艺术形式之一，戏剧性包含动作、场景、冲突、情节、假

① 葛维樱 . 歌手李健，规则之外［J］. 三联生活周刊，2015（14）：44-55.

设性等因素。某些戏剧场景会使角色为了自己的目的而表演。不同的性格有不同的动机，便会产生冲突，冲突的发生、发酵和解决，构成了戏剧情节。节目的戏剧性蕴藏两层意义：第一层意义是指节目参与者在真人秀中进行角色扮演，他既是演绎自我也是情境下的特殊角色；第二层意义是指整个节目必须有戏剧性的剧情或角色冲突，这种冲突既是出乎意料的，也是合乎常理的，并自然地融入整个节目过程中。只有这样，节目才能抓住观众眼球，最终获得收视率。节目中的游戏策划、嘉宾选择、道具使用、戏剧框架搭建、矛盾冲突预设等都是为了营造真人秀节目中的戏剧效果。例如真人秀节目中对于参赛的人物选择主要是从数以万计的报名者中千挑万选出来的。节目组选中的参赛者一般应有以下特点：首先，屏幕形象好；其次，要具有社会个性；此外，要具有自我个性。这样的参赛人物有利于在节目中制造戏剧性的冲突。

在真人秀节目中设计的冲突主要包括两类，一类是参与节目的普通人和节目制作者所设置的环境之间的冲突，还有一类是发生在节目参与者之间的冲突。

图 5-3 《幸存者》海报

真人秀节目《幸存者》是典型的表现生存环境与人的冲突的节目。这档节目遍布世界多个国家，节目的参与者运用特定的生存工具在野外等特殊环境下生存，并参与竞赛，最终胜出者将获得奖金。节目的戏剧冲突主要体现在人为的节目设定，节目的强迫性使幸存者必须在荒郊野外环境艰苦的地方生存。为了生存，人们用尽了招数，他们往往要生火、砍柴甚至吃昆虫，等等，这也使人与自然环境的冲突达到了高潮，增加了节目的难度和观赏性。

1999 年出现于荷兰的社会实验类真人秀节目《老大哥》淋漓尽致地展现了人与人之间的冲突。这档节目让一群陌生人住进一间布满摄像头的屋子一起生活，每天的一举一动都被记录下来，然后通过剪辑处理在电视上播出。游戏规则的淘汰性，使每个人之间都存在竞争，每个人为了自己的利益而发生冲突，从而挖掘出人性背后的人情冷暖，增加了节目的观赏性，吸引了观众的眼球。

3. 凸显与观众的互动性

真人秀节目中与观众的互动性首先体现在邀请观众参与节目的录制；其次，随着网络的发展，真人秀节目在网络平台播出，观众的参与度得到了很大的提升，观众不只是被动接受的一方，而成为主动参与的一方，他们不希望自己只是旁观者，更希望通过平台发出自己的声音；另外，真人秀节目还利用各种媒体加强节目宣传以便招募参赛者，这也增加了与观众互动的机会。例如天津卫视播出的《百万粉丝》，就是让12位选手在封闭式演播厅进行24小时的网络直播。观众根据选手在比赛中的表现投票，决定选手的去留和冠军的最终归属，在节目中占领绝对的主导权。

4. 产业化大制作的运营方式

版权购买和转让推动了电视真人秀节目的发展，让很多优秀的电视真人秀得以传播、各种广告等衍生产品获得关注，使真人秀节目成为一个产业，对社会经济起到积极作用。以《老大哥》为例，美国哥伦比亚广播公司为购买《老大哥》的节目版权支付了2000万美元，之后转让给25个国家电视播出机构，从中获利20亿美元。美国真人秀节目《地狱厨房》由于受到公众追捧，还以该节目为原型制作了一款游戏，获得了更高的利润。

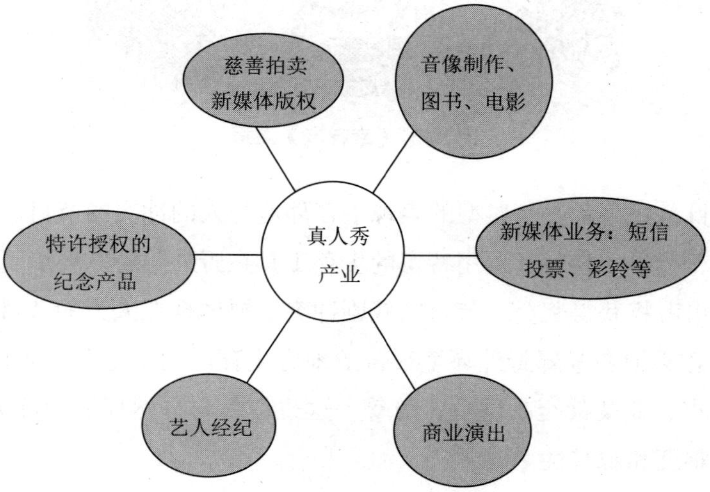

图 5–4　真人秀节目延伸产业图

第二节　国内外电视真人秀节目赏析

从收视上看，近些年电视真人秀节目已经成为电视节目的一种主流节目形态，但是电视真人秀节目种类繁多，许多节目的类型也很难有统一划分的标准。不同的学者对真人秀节目有着不同的分类标准，来自清华大学的尹鸿教授提出，真人秀节目可以分为 9 种类型，即生存挑战型真人秀、人际考验型真人秀、表演选秀型真人秀、职业应试型真人秀、身份置换型真人秀、益智闯关型真人秀、游戏比赛型真人秀、异性约会型真人秀、生活技艺型真人秀。[①] 来自北京大学媒体与传播研究所同时又是东方卫视高级编辑的谢耘耕则提出真人秀节目可以分为 12 种类型，即野外生存真人秀、室内真人秀、表演选秀类真人秀、职场真人秀、整容真人秀、装修真人秀、教育真人秀、娱乐真人秀、公益真人秀、婚恋真人秀、法治真人秀、旅游真人秀。[②] 本书根据真人秀节目内容和形式上的异同，结合一些学者研究，将真人秀节目分为 9 种类型：

（一）野外生存型真人秀

野外生存型真人秀节目是让参与者进入某个野外艰苦的环境中，在资源有限和非常恶劣的条件下完成各种困难的挑战和任务，经过不断的筛选淘汰，最后决出获胜者。这类节目中的获胜者一般都具有很强的野外生存能力和社会生存能力。这类真人秀节目往往伴随着生存的挑战，既惊险刺激，又充满悬念。

表 5–2　美国野外生存真人秀《幸存者》的录制地点

季数	节目名称	录制地点	播出时间
第一季	*Borneo*	东南亚小岛婆罗洲	2000 年 5 月
第二季	*The Australia Outback*	澳大利亚内陆	2001 年 1 月
第三季	*African*	非洲肯尼亚大草原	2001 年 10 月
第四季	*Marquesas*	马克萨斯群岛	2002 年 2 月
第五季	*Thailand*	泰国	2002 年 9 月
第六季	*The Amazon*	南美亚马逊	2003 年 2 月
第七季	*Pearl Islands*	巴拿马珍珠群岛	2003 年 9 月

① 尹鸿，陆虹 . 电视真人秀的节目类型分析［EB/OL］.（2015-05-06）［2019-10-15］.http://media.people.com.cn/GB/22100/76588/76590/5258492.html.

② 谢耘耕，陈虹 . 中国真人秀节目发展报告［J］. 新闻界，2006（2）：8-12+7+1.

续表

季数	节目名称	录制地点	播出时间
第八季	*All Stars*	巴拿马珍珠群岛	2004 年 2 月
第九季	*Vanuatu*	瓦努阿图	2004 年 9 月
第十季	*Palau*	大洋洲帕劳岛	2005 年 2 月
第十一季	*Guatemala*	南美洲危地马拉	2005 年 9 月
第十二季	*Panama*	巴拿马珍珠群岛	2006 年 2 月
第十三季	*Cook Islands*	库克群岛	2006 年 9 月
第十四季	*Fiji*	斐济	2007 年 2 月
第十五季	*China*	中国	2007 年 9 月
第十六季	*Mieronesia*	密克罗尼西亚	2008 年 2 月
第十七季	*Gabon*	加蓬	2008 年 9 月
第十八季	*Tocantins*	托坎廷斯	2009 年 2 月
第十九季	*Samoa*	萨摩亚	2009 年 9 月
第二十季	*Heroes vs.villains*	萨摩亚	2010 年 2 月

案例一:《幸存者》(英文名: *Survivor*)

《幸存者》是典型的野外生存型真人秀节目，一直被世界各国学习和模仿。该节目在 2000 年 5 月由美国哥伦比亚广播公司制作播出。节目中 16 名参赛选手分成两队被限定在一个特定的艰苦环境下，依靠有限的工具维持生存，他们必须自己寻找食材并参与竞赛。为了竞争，参赛者可以采取除暴力以外的任何手段，使用拉拢欺骗、造谣生事、勾心斗角等诡计将人性中丑恶的一面展现得淋漓尽致，最终胜出者将赢得 100 万美元的奖金。节目主要包括以下几个阶段：第一阶段为团体赛，主要就是将 16 到 20 名参赛选手分为两个或四个部族，并进行对抗。比赛主要分为两种，分别是相互争夺奖励权和豁免权，其中豁免赛中失败的队伍要通过部族会议淘汰一人；第二阶段是个人赛。当一方被淘汰 8 人或者 9 人时，两队将合为一队，并且每一次比赛获胜的奖励只能给一人。剩下的人之中要有一人被淘汰，淘汰的人将参加部族会议作为陪审；第三阶段，在只剩下最后三人时，早先被淘汰的 7 名选手组成“陪审团”，轮流发问选手并通过最后秘密投票选出最终胜利者。参赛者在最终的答辩环节往往需要展现出足够的口才和能力，在此期间摄制组全程跟拍记录。第一季节目在播出第二周时便一跃成为全美收视第一的节目。

案例二：广东卫视的《生存大挑战》

《生存大挑战》是我国第一档独立完成的真人秀节目。这档节目于2000年6月开播，节目中的三位挑战者要利用有限的现金和物资跨越大半个中国旅行。该节目一经播出便引起了广泛关注，创下了国内电视界的收视奇迹。从节目形态来看，第一季节目由于缺乏周密的游戏规则和淘汰制，更接近于纪录片，节目形式相对单调。之后的几季节目加入了淘汰机制，引发了挑战者之间的竞争。除此之外，为了契合中国优秀传统文化并迎合我国观众的观赏心理，节目不只单纯强调竞争，更倡导挑战者在做胜利者的同时对落后的同伴伸出援手帮助他们，展示“友谊第一、比赛第二”的传统美德。从对国外同类节目的简单模仿到融入本国特色，实现了本土化发展。

（二）情景体验型真人秀

这类真人秀节目通常会建构独特的空间场景，营造封闭或半封闭式的生活环境，全方位、全天候地记录参与者的日常生活。不仅如此，节目会通过设置一定的规则秩序，适当地增加戏剧冲突，从而展现参与者的心理活动、性格特点、情感表达与关系变化等。这类节目诞生之初，参与者一般为素人，他们常常为能上电视并有可能获得奖品而激动不已，参与积极性特别高；现在，许多节目邀请明星或名人参与其中，展现他们的日常生活状态，在满足观众好奇心的同时也提高了节目收视率。比如风靡欧美的真人秀《老大哥》，我国的《欢迎来到蘑菇屋》、《向往的生活》、《中餐厅》等都属于这类真人秀。

案例一：在18国播出的《老大哥》

《老大哥》是一档1999年诞生于荷兰的真人秀节目。《老大哥》首秀在1999年开播于荷兰维罗妮卡电视台，之后由于节目收视率高，其他国家的电视台纷纷购买版权，据统计先后有澳大利亚、美国等18个国家制作并播出了这档节目。

早期荷兰版的《老大哥》在若干申请参赛的报名者中选出12位参加比赛，然后将这12名参赛者（房客）送入一间位于工厂区的房子，这间房子是特别建造的。这12位房客在参加比赛前互不认识，他们背景不同且性格迥异，在节目组安排的房子里，尝试与其

图5-5 《老大哥》海报

他房客好好相处是他们唯一能做的。节目组每周以“老大哥”的身份向房客发布任务，任务完成的结果决定了他们下周的食物供应量。与此同时，房客不定时地被“老大哥”单独召见，在日记室里与“老大哥”分享自己的生活心得。房客们的生活被摄像机和麦克风无时无刻地记录下来，通过电视每日精选或互联网直播，把房客生活中的每一面都展示在大众面前。为了决出最后的胜利者，房客和观众每周进行投票逐出一名房客，106 天后，房子里仅剩的一名房客将获得一笔现金奖励。自开播以来，《老大哥》真人秀对于全球电视文化的影响已持续十年之久。

案例二：返璞归真《向往的生活》

《向往的生活》是一档明星 / 名人参与的情景体验类真人秀节目，第一季于 2017 年 1 月 15 日开播，截至目前已经播出了六季。节目的初衷是远离都市的喧嚣和拥挤，缓解繁忙的都市生活所带来的压力与浮躁，因此，节目选择在乡村搭建了一个叫做“蘑菇屋”的农舍院落，将返璞归真的“田园乡村”生活呈现在大众面前。节目一经上线就迅速吸引了观众的眼球，笔者认为有两个主要原因：

图 5–6 《向往的生活》海报

一方面，节目通过设置“蘑菇屋”这样的一个情景，满足了观众对于乡村“慢生活”的渴望。六季节目分别为“农夫篇”“江南篇”“湘西篇”“彩云篇”“桃花源篇”“大海篇”，在全国各地进行选址搭建“蘑菇屋”，带领观众体验中国各地的乡村风情，充分满足了观众对于田园生活的向往。例如，第六季“大海篇”将蘑菇屋设置在大海边，开启了“面朝大海”的渔村生活，推门就能看到阳光沙滩、椰林树影的浪漫海景，可以赶海、冲浪、出海捕鱼、沙滩聚餐等，新奇有趣的海边生活让观众心动不已。

另一方面，节目的参与者均是艺人或名人，包括主持人、演员、歌星、运动员等。他们在“蘑菇屋”里体验自力更生的农村生活，既要耕地种菜、饲喂禽畜，也要砍柴烧火、洗衣做饭，还要建灶搭棚、赶集买货，这对于许多生活在城市中的人来说是全新的体验与挑战。在这个过程中，参与者们亲身学习到了真正的劳作知识、方法和技能，但有时也会闹出一些“笑话”，惹得观众忍俊不禁。节目在屋里屋外装满了摄像头，全方位、全天候记录参与者的生活，满足了观众对明星日常生活的观察欲。

（三）表演选秀型真人秀

表演选秀型真人秀是指具有一定才艺能力的参赛者，按照设定的比赛规则进行才艺表演比拼，由业界专家或观众对其进行淘汰和选拔，最终决出优胜者。其中表演包括唱歌、舞蹈、演技、戏曲、特技等。这类真人秀节目由于大众娱乐化程度高、互动参与度强等特点备受观众喜爱。该类节目诞生之初，参与者一般为素人，比赛的胜出者获得了成为明星的机会。从《超级女声》《加油好男儿》到《中国好声音》等多档真人秀都是这一类。近年来，明星也成为了该类节目的参与者，他们往往通过比赛获得更高的曝光率和知名度。一些人们已经渐渐遗忘的明星也重新走进公众的视野，获得了被重新关注和翻红的机会。《我是歌手》、《我们的歌》和《乘风破浪的姐姐》等都属于这种类型。

案例一：美国福克斯公司的《美国偶像》

图 5–7 《美国偶像》海报

《美国偶像》（*American Idol*）是根据英国电视节目《流行偶像》（*Pop Idol*）改编制作的。2001 年，英国电视台推出了《流行偶像》，首季落幕便挖掘出了三名歌坛优质偶像：威尔·扬（Will Young）、葛瑞·盖斯（Gareth Gates）和达拉斯（Darius），由此《流行偶像》成为选秀节目鼻祖。偶像旋风一度席卷全球。此后，美国福克斯广播公司斥资 7000 多万美元购买了节目版权，并进行了相应的修改。自 2002 年以来，比赛一年举办一届，旨在发掘新生代美国歌手。赢得本赛季冠军的选手成为本年度的美国偶像，同时赢得一份价值百万美元的唱片合约。

节目主要由三个阶段组成：初选阶段、淘汰赛阶段、决赛阶段。初选阶段也就是海选阶段，节目组从全国范围内招募一万名参赛选手在评委面前演唱，并以成倍递减的方式进行淘汰，选出进入淘汰赛的选手。淘汰赛阶段会在电视上直播，观众可以为自己喜欢的选手投票，选手的晋级也主要由观众投票来决定。而决赛会在大型舞台现场举行，最后由评委和观众共同对选手表现做出评判选出冠军。所有在节目中演唱的音乐，包括背景音乐，必须经过版权所有人的允许才能使用。决赛选手将提前一到两周得知主题，根据需要选择两到三首备选曲目，并对它们进行优先排序。进入前三名的选手将有机会返回家乡进行拉票，从其走下飞机开始，将通过电视进行现场直播。选手将与家人一起举行盛大游行，举办一场拉票音乐会。由于选手的特殊贡献，市长会给选手颁发荣誉钥匙。

作为一档适合全家一起观看的节目，《美国偶像》一直肩负着向观看该节目的年轻一代传递积极精神的使命。选出的偶像会与众多娱乐明星联合举办慈善演出筹集资金，更是得到了美国总统、第一夫人等政治名人的支持。

案例二:《中国好声音》

《中国好声音》是由浙江卫视推出的表演选秀型真人秀。节目邀请功成名就的歌唱明星作为导师对学员进行言传身教，为中国乐坛的发展寻觅和打造一批怀揣音乐梦想、具有音乐天赋的音乐人。四位导师经由盲选的方式挑选心仪的学员并组成战队，然后带领自己的队员进行战队内与战队间的音乐对抗。前四季的《中国好声音》节目模式引进自荷兰的电视真人秀节目《The Voice of Holland》（荷兰之声）。《The Voice》曾经被引进到许多国家，例如英国之声《The Voice（U.K）》、美国之声《The Voice（U.S.）》、爱尔兰之声《The Voice of Ireland》。自2016年开始，该节目不再引进版权，而是进行了模式的创新。节目的主要特色是：1、节目重树“声音”本位，将“声音”作为所有学员的唯一评判标准。2、打破了传统选秀节目中只有评委有资格选学员的惯例，提出了“双选”的模式，评委和学员之间的选择权变为双向的。3、明星导师会与选手一起合作演出。多年以来，《中国好声音》坚持打破对歌手年龄和外表的限制，不以毒舌评委和粉丝投票博噱头。坚持寻找最美的声音真实呈现音乐众生的追求与热爱，为热爱音乐的灵魂提供一个唱响梦想的专业舞台，开创了中国音乐综艺的正能量典范。

这类选秀节目不仅促进了中国综艺选秀节目的发展，为其提供了新鲜的节目内容，同时也为娱乐产业输送了更多高质量的明星苗子。

（四）技能比拼型真人秀

这类真人秀的参与者一般具备突出的专业技能，并被要求完成一系列专业任务，由专业评委根据参与者的完成情况做出筛选，决定参与者是否能继续参加接下来的比拼。技能不同于知识，它是需要通过不断练习才能掌握的技巧，这种熟练技能的展示加上竞争规则和淘汰选拔，就形成了技能比拼型真人秀节目。这类节目的参与者既包括擅长并热爱某项技能的非职业选手，也有以某项技能为业的职业选手。

综上所述，展示特殊才能、满足观众好奇心、展示成功梦想，是技能应试型真人秀节目最能吸引观众的因素。

案例一:《地狱厨房》

图 5–8 《地狱厨房》海报

《地狱厨房》是美国一档烹饪真人秀，主持人为格登·拉姆齐。这档节目原是英国一档选秀类节目，后被美国福克斯电视台买去版权重新制作改版。美国的《地狱厨房》于 2005 年正式开播，节目中的每一道菜，从开胃菜到主菜，从鲜汤到最后的饭后甜点，都是在主持人的要求下，经过严格的制作流程，精心制作而成的艺术品。每期节目会根据选手人数均分为红蓝两队，先进行挑战赛，获胜队伍享受奖励，输掉的队伍干苦力活；接着是正赛环节——晚宴，根据选手的表现淘汰输队中的一人，比赛一直进行到最后两期，剩余两人角逐最后的冠军。在节目中，获胜的一人将会获得价值 200 万美元的“地狱厨房”所有权，还有机会和格登·拉姆齐一起经营一家餐厅。《地狱厨房》在美国 18—49 岁年龄段观众中成为最受欢迎的夜间节目。

案例二:《顶级厨师》

该节目由东方卫视购买版权重磅出击，成为中国首档美食才艺秀，于 2012 年首播。这档节目中的比赛环节主要分为两个，第一个环节是依次进行神秘盒挑战、创意菜比拼以及压力测试。在神秘盒挑战这一环节，选手只能使用盒中有限的食材完成一道限时菜品。盒中一切食材可供选手自由搭配，可全部使用，也可以使用部分来完成挑战。三位评委选择品尝其中最好的三道菜品，并做三选一的选择，选出最好的一道菜肴。获胜者可以获得下一阶段创意菜比拼的特权——他可以优先进入食材室，选择自己拿手的主菜食材，并有权为其他选手挑选相对困难的主菜食材。在“压力测试”

环节，三位评委将为选手指定一道菜肴让其完成。值得一提的是，黄鱼剃骨、宝塔肉、凤还巢、九转大肠等中国传统菜肴的制作方式难度颇高，其中黄鱼剔骨是中餐中困难程度最高的剃骨手法之一。这种高难度、高水准的压力测试赛使选手处于高度紧张的状态下，并承受巨大压力。第二个环节包括团队竞赛、技能测试和压力测试。节目的亮点满满，三位美食评委均由国内明星、顶级厨师和美食家担任，他们专业且个性鲜明。节目将才艺展示与感人故事相结合。

（五）角色转换型真人秀

在这类真人秀节目中，参与者往往脱离原有的生活场景和社会身份，进入陌生的身份和角色中接受考验。以游戏的方式，把每个参与者的生活环境、人际关系、角色要求以及社会预期打乱。参与者在新的角色身份中所遇到的意想不到的体验及其反应是节目的亮点所在。在电视真人秀节目中，此类型节目渐渐兴起，既包括角色扮演的类型，也有角色体验的形式。例如国外有《交换配偶》《真的变了》，我国近年来相继推出的《交换空间》《烈火雄心》《明星大侦探》等都属于角色转换类真人秀，并且收视率也非常可观。

案例一：《交换配偶》

《交换配偶》是美国福克斯电视台于2003年推出的一档60分钟的真人秀节目，模板是英国的《交换妻子》，播出时间为每周一晚上八点。《交换配偶》实际上是对一个问题家庭进行短期的强制解体，并重新加以组合，在打破家庭平衡的过程中，每个家庭成员得以重新审视自己的家庭环境，审视自身的行为方式，也许会得到平时熟视无睹中得不到的现实镜像，从而自觉调整自己的行为，构建“和谐”家庭。节目刚在美国播出时，以“交换”父亲为题材，第二季推出以“交换”母亲为题材的节目。交换时间是一个星期，并记录新成员在新生活环境中的适应过程，节目组也会为这两个家庭提供一些条件，比如新成员可决定家中一大笔费用的开支等。这档节目通过改变熟悉的生活环境，体验新的生活方式，使观众对交换的结果形成期待心理。节目播出后，在18岁至49岁人群中的收视率高达3.3%。

案例二：《明星大侦探》

2016年，芒果TV推出真人秀节目《明星大侦探》的第一季，截至2022年该节目共播出了七季。在节目中，每期参与的六位明星嘉宾依照不同的案件主题和游戏剧情进行角色扮演。他们中有一个侦探和五个嫌疑人，其中只有一个嫌疑人是真正的凶手。他们共同面对一起精心布局和策划的谋杀案，必须经由在节目现场搜集证据与推理找出真正的凶手。节目设定只有凶手能说谎，从而能够隐瞒自己的真实身份并陷害他人。侦探则游离于剧情和故事之外对案件进行分析和侦查。玩家只有找到真凶才获胜。作为一档“角色扮演”加“推理”的真人秀，《明星大侦探》对脚本和编导有着很高的要求，一方面，明星嘉宾要根据脚本的设置进行情境性的对话与互动；另一方面，玩家要在一定的时间和线索内进行有效推理，完成任务设置。精彩有趣的故事情节使观众能沉浸于剧情发展之中，跟随明星嘉宾进入到推理探案的过程中，由此获得沉浸式推理的乐趣。

《明星大侦探》不仅依靠悬疑和破案来吸引观众，而且在娱乐观众之余表现出强烈的社会责任意识。例如在第一季的节目中不断强调知法懂法守法的重要性。第二季中的《周五见》呼吁消除网络暴力，《恐怖童谣》倡导关爱儿童的幼小心灵。而第三季中的每一期都有一个醒目的社会议题，涉及校园暴力、自然资源保护、沉迷网络游戏、儿童走失、理性整容等多个方面。特别值得一提的是，第七季《明星大侦探》与中华人民共和国最高人民法院合作，增加了衍生普法环节《大侦探合议庭》，来自最高人民法院的法官会以节目剧情设置的案件为例进行还原和分析，剖析案件中涉及的法律知识，针对“凶手”和“嫌疑人”的违法行为科普量刑建议，将普法教育与案件推理相结合，取得了良好的社会效益。

《明星大侦探》的另外一个亮点是注重与观众的互动。观众可以通过留言、跟帖、弹幕等方式猜凶手和案情，节目组也根据节目的进展及时地更新内容，推动剧情讨论。同时，节目的公众号还推出日常推理故事，并结合节目内容衍生出线上推理游戏，每个游戏可随机匹配 6 名玩家在线体验嘉宾的推理过程，为观众之间的交流提供了有趣味性的渠道。

（六）异性约会型真人秀

爱情、婚姻是人类永恒的话题，真人秀节目也紧抓这一主题呈现出了大量的约会型真人秀节目。在现代快节奏和高效率的生活中，观众非常渴望了解和他们一样过着普通生活的其他人的生存现状，以收获一些日常经验；同时，他们也希望看到一些非日常、奇观化的东西。异性约会型真人秀的出现，将婚姻、爱情的隐密交流公开化，为异性交往提供了相对安全自由的交流空间，达到了人们渴望展现自我的目的；将私人的情感问题从人际传播转为大众传播，满足受众日益增长的求真文化消费心理。这一类型的真人秀特点主要是：选择具有性别魅力和代表性的选手在节目中展示自己；充分考虑社会普遍的理想对象类型；满足观众的爱情想象，设计相关情节。早在20年前我国就出现了婚恋交流节目，但是最早这类节目被定义为生活服务类节目，目的是给普通观众提供服务，所以观众为那时的婚恋节目起了一个文雅的别名，叫做“甜蜜的事业”。2009年湖南卫视的《我们约会吧》节目开播，各大卫视相继开启新一轮的相亲大战。不到半年，《非诚勿扰》等节目相继出现在观众视野中。在国外，这类节目也非常多，《黑暗约会》《单身汉》《为爱情还是为金钱》等都是非常有影响力的节目。

案例一：《郎才女貌》（别名《美女和怪客》）

《郎才女貌》于2008年3月11日在美国华纳电视台开播，这档节目的环节设置为9男9女在一栋豪宅里共同生活，女孩都很漂亮，男孩则都智商很高。在男女随机配对后，将会有考验综合能力的比赛，包括智力、时尚甚至舞蹈方面的比赛。在比赛中，男女应该互相帮助，一起克服困难。每日比赛末位选手将被淘汰出局，最终的获胜者将获得25万美元的奖金。《郎才女貌》几乎没有显露甜蜜的恋爱情节，加强了嘉宾之间因竞争而产生的矛盾冲突，主要以游戏竞赛的形式进行，体现了节目的紧张兴奋与刺激感。节目还采用了类似于《老大哥》的室内体验节目，在豪宅里安装多个无死角的摄像头，通过镜头还原每位嘉宾在生活中最真实的一面，然后在游戏中穿插嘉宾的内心独白，极力彰显节目的戏剧性。

《郎才女貌》的主持人只有一位——迈克（Mike），主持人并没有很强的存在感。他出现在节目每个版块的切换环节，负责公布节目规则、宣读淘汰人员名单、设置节目悬念等任务，偶尔还会与嘉宾相互打趣，缓解嘉宾紧张的情绪，让嘉宾更好地发挥自己的特色和魅力。迈克就像是这个节目的“监制”，总是身着西装出场，他不苟言笑，与嘉宾的个性和热情形成鲜明对比，凸显了节目的权威性和严肃性。

案例二：《非诚勿扰》

《非诚勿扰》是江苏卫视于2010年推出的一档相亲节目，播出时间为每周六、周日的21:10，它一改传统相亲节目的模式，不再使用男女人数相等或男性选择女性的传统套路，而是采用全新模式——让24位单身女性来选择一位男生，使节目充满了张力。节目流程是固定的，每期节目中的24位单身女性以亮灯和灭灯方式来决定台上男嘉宾的去留，节目的环节暗合了经典叙事开端、发展、高潮、结局的结构设置。每位男嘉宾从出场到离场几乎不超过20分钟。牵手成功的男嘉宾携手女嘉宾一同离场，尚未配对成功的男嘉宾则会留下个人信息，并通过节目组公开，供场外女生联系。

节目从2010年开播至今已有10余年，随着社会的发展，《非诚勿扰》也在不断地进行内容改善，以适应不断变化的审美价值和观众的心理需求。主持人孟非在民生新闻《南京零距离》中有着多年主持经历，积攒了对百姓生活的了解。他对社会问题有着敏锐的观察力，他在《非诚勿扰》的舞台上面对复杂的婚姻爱情社会问题时，也能合理地把握住现场谈话的“度”。其语言风格轻松但不轻薄；发表的观点通俗但不庸俗。2011年5月，《非诚勿扰》推出海外专场，相继在澳大利亚、美国、英国举办专场之后，第二年继续扩展全球版图，先后在法国、加拿大、韩国举办专场，受到当地华人华侨、华人媒体及外国观众的好评。一系列海外特辑增加了海外元素，丰富了节目内容，让观众还可以从相亲节目中感受异国文化。2013年，节目全面升级，加入了爆灯环节，全面升级优化音乐音效和优化舞美并改换视觉包装等。节目中的点评嘉宾都具备敏锐的观察力和语言表达能力，黄菡老师作为唯一的女嘉宾，亲和力十足，很多时候从女性角度出发去思考问题。在节目后期，嘉宾黄磊老师本就是娱乐圈中好丈夫的代言人，他所提出的问题既亲民又不失深度。不论嘉宾如何变换，主持人与两位点评嘉宾总能通过观点交流产生火花，很大程度上增加了节目的精彩度和观赏性。这档综艺节目受众的年龄层跨度较大，虽说主要受众是针对20到30岁之间的未婚男女青年，但小到十几岁的学生，大到四五十岁的中年人也都是这档节目的受众。

图5–9 《非诚勿扰》海报

（七）益智闯关型真人秀

益智闯关型真人秀是一个近几年不断发展的节目类型，这类节目的主要特点是参赛选手展现高智商及卓越的才华，节目中主持人的个性与亲和力是此类节目成功的保证。此类节目益智的同时具备娱乐性和文化性，能帮助受众增长知识，从而体现节目的知识性和教育性的特点，因此吸引着各个年龄层的人，可以说是一个老少咸宜的节目类型。在电视发展初期，益智类节目就已经成为具有较大影响力的节目类型。时至今日，依然是王牌节目类型之一。20世纪末，以《谁想成为百万富翁》（*Who Wants To Be A Millionaire*）和《最弱一环》（*The Weakest Link*）为代表的新型问答节目的兴起，标志着益智类节目在西方国家的全面崛起。在全球化浪潮的推动下，上述两个节目的版权已成功出口到60多个国家和地区，在全球掀起了益智游戏节目的播出热潮。受此影响，在中国，以央视的《开心辞典》《幸运52》为代表的早期益智节目也逐渐收获了稳定的受众群体，得到了观众的喜爱和认可。近年来，《一站到底》《为你而战》《开门大吉》等节目加大了创新度，收视率也有明显提升。

案例一:《最弱一环》

图5–10 《最弱一环》海报

《最弱一环》(The Weakest Link) 是由英国BBC制作的当今全球最热门的电视益智闯关真人秀节目之一。该节目自2000年开始在BBC首播，如今已经在全球近百个国家播出，观众多达数十亿人。节目共有八名参赛者，采用集体答题的方式协作闯关，但是最后赢得100万英镑大奖的只有一个人。参赛者在一个小时的节目中进行七个回合的答题，每一轮答题结束后，选手们要投票评选最弱的选手并将其淘汰，直到最后两名选手进行两两对决。因为每个参赛者都希望拿到最后的大奖，所以节目中不光有快速答题的紧张局面，还有人心博弈的微妙细节。在节目中，选手们实际上是既合作又拆台的关系。尽管厉害的选手可以帮助到整个团队，但他们又会是其他选手的有力竞争者，表现得太出色相反容易被早早淘汰。这样就使得选手们一方面要努力答题闯关，另一方便又要避免锋芒太露受到排挤。这样的比赛，不光考验选手的知识面，也是情商的较量。英国版的主持人Anne Robinson无论在台上还是台下都摆出一副酷酷的表情，从来没有笑容，让参赛者感受到压迫感。每当有参赛者被淘汰出局的时候，她总是会冷冰冰地说出节目中的经典台词："你是最弱一环，再见！" BBC对该节目的制作十分严谨，编制了专门的"节目制作操练手册"，对于节目中摄像机的机位、观众席次的设置、灯光与配乐的安排等，都有"制式规定"。

案例二：《一站到底》

《一站到底》是江苏卫视在2012年推出的一档全新益智类答题节目，这档节目改变了以往益智类节目的固定套路，有守擂者和攻擂者之分，守擂者手中会持有不同价值的奖品，而攻擂者在有限的时间里答题与守擂者对战，攻擂者获胜则获得守擂者手中的奖品，并可以选择继续留在舞台上进行挑战；守擂者获胜将赢得对手已有的所有奖品并成为新的攻擂者。2017年，节目全面改版升级，首次加入人机比拼机制，使节目更有创新性，也贴合人工智能时代的特点。

《一站到底》并不主张一味地追求题目的难度和深度，而是提倡考查参赛选手的知识和时代热点知识的融入度；其中的题目对天文地理、文化体育、生活常识乃至名人八卦都有涉及。例如，"在我国，结婚证的内页上印的是什么花？"等问题往往会让"实力派"不知所措。这些问题集智慧与娱乐为一体，通过节目传达出全民快乐学习、轻松答题的情感态度，使节目更"接地气"。《一站到底》也改变了大多数益智类节目参赛者与主持人的传统对决形式，变成了普通人与普通人的比拼。在节目中，一名挑战者可随便从10名防守者中选择一名进行挑战。如果挑战成功，他可以赢得对手拥有的所有奖品，并继续选择对手进行挑战。如果挑战失败，对手将赢得挑战者手中的所有奖品，并成为新的挑战者。那么，挑战者的直觉足够准确吗？其貌不扬的守擂者是否会隐藏自己的实力？气场凌人的守擂者是否如外表一般内心强大？这样的一套规则使节目悬念迭起、戏剧性变化频繁，无论是主持人、观众还是选手本身都无法预测接下来的局面，让观众的观看体验大大提升。《一站到底》自开播以来以其节目形式新颖、节目内容趣味十足等特点在同类节目中拔得头筹，受到广大观众的喜爱。

（八）游戏比赛型真人秀

游戏比赛型真人秀节目发展已经有较长的时间了，但一直不温不火。此类节目主要是以游戏为框架，由节目组制订规则，通过完成指定游戏来推动节目进程的发展，将教育和娱乐结合，达到寓教于乐的目的。随着真人秀节目的持续走热，游戏类真人秀节目也开始大放异彩，新的游戏比赛节目和以往相比最大的变化是表演者从之前的草根群体转变为明星团队。游戏是否精彩以及精彩的程度成为此类节目创意的关键，剧情设置、游戏化内容、明星参与是其制胜法宝。《奔跑吧兄弟》《极限挑战》正是因为游戏环节的与众不同，既新颖又有趣的设定让节目经久不衰。

案例一:《城市之间》

《城市之间》是一档享有一定知名度的大型趣味体育户外游戏电视节目，由法国电视台于1962年创办，距今已有50多年的历史。《城市之间》可以说是法国知名度最高的体育电视节目，令无数来自欧美地区的观众为之倾倒，很多观众对该节目的狂热程度甚至超过了世界杯。每逢该节目播出之时，现场近8000人的座位基本座无虚席，电话参与者更是以数十万计，其热闹程度犹如中国过节一般，如此之火爆，实乃电视节目中所罕见。1998年中国版的《城市之间》亮相央视一套，鲜明的娱乐精神，活泼的主持风格，特别是大众参与的形式，使它从当时单调的电视环境中脱颖而出，收视率也一度创下新高。

图5-11 《城市之间》海报

《城市之间》最能博人眼球的当属老少皆宜、形式多样、趣味性强的游戏项目。它共设有1000多种游戏，其道具系统极其复杂且庞大。虽然这些道具的材质各不相同，但制作严谨，安全系数极高。《城市之间》的高互动性主要体现在三个方面：首先，参赛城市、代表团、运动员、现场观众、工作人员的数量庞大；其次，《城市之间》在开赛前组织了一系列的热身活动，起到了很好的宣传推广作用。例如，从2006年7月到10月，节目组在全国80个城市进行大众海选；最后，《城市之间》安排了多种形式的互动活动，如体育明星走上街头，现场与人们互动，营造了全民健身、快乐运动的良好效果，同时也响应了为人民服务的号召。

案例二：《奔跑吧兄弟》

《奔跑吧兄弟》是浙江卫视推出的大型户外体育真人秀节目，版权由韩国SBS电视综艺节目*Running Man*引进。第一季《奔跑吧兄弟》由浙江卫视和韩国SBS联合制作。2014年10月10日，该节目在浙江卫视首播，并获得巨大反响。随后三季节目由浙江卫视节目中心制作。第五季后更名为《奔跑吧》。节目由7位个性不同的明星主持构成，加上每期新的嘉宾组成明星团队，通过游戏环节，拉近明星与观众的距离。这些明星舍弃固有的明星滤镜，在游戏中全力以赴，或是做出搞笑滑稽的动作，或者互相嘲弄，或者卖萌，各种表演都能让观众更充分地了解他们的个性特点。节目团队在主题设计、策划、构思上力求突破，从第三季开始进行全面转型升级，力求做到"有趣且有意义"。汉服、汉字、古木车等元素出现在节目中，皆表现出浓郁的中国传统文化气息。第五季《奔跑吧》走进捷克、奥地利等"一带一路"沿线国家快乐奔跑，当好友谊使者，搭建文化桥梁；第六季《奔跑吧》更是来到联合国总部参加"联合国可持续发展目标之青年倡议论坛"，负责介绍联合国17项可持续发展目标中的7项。《奔跑吧》成为第一档"跑"进联合国的综艺节目，影响巨大。

（九）生活服务型真人秀

自1979年央视设立《为你服务》节目以来，生活服务类节目遍布全国各大电视台，成为一种广受欢迎的节目类型。如今，生活服务类节目的发展正逐步走向不断细化的道路，节目类型也在不断分化，并以其专业性强的特点吸引了观众的关注。生活服务型真人秀的主要特点是：将电视所具有的传递信息、提供服务的两个功能进行融合，并且具有戏剧性。此类节目涉及衣食住行、健康养生等方方面面，涉及多个方面的生活常识，因此节目类型繁多。比如装修类的《梦想改造家》、生活技巧类的《超级点子王》、美妆时尚类的《美丽俏佳人》等，不同类型的节目迎合不同的受众群体，贴近群众的实际生活，体现为生活服务的目的。生活服务类节目的成功离不开丰富实用的内容和生动有趣的节目形式。因此，为了节目的长期发展，节目团队需要不断创新，以适应时代特点并迎合人们的需要。

案例一:《超级点子王》

《超级点子王》是广西都市频道的一档"谈话式"生活类电视真人秀节目。节目版块包括:"每个人都是思想之王""今日最强""我爱美味"和"每天帮助你",周末还会播出"微信妙点子排行榜",并整合播出微信、微社区最受观众欢迎的妙点子,以一种轻快的风格向观众传授生活小窍门。自2012年7月开播以来,节目组秉承服务观众、服务家庭的理念,精心制作了多期与百姓生活相关的精彩节目,干货满满,其"超级点子王,点子就是强"的节目形象得到了观众的认可。节目组每天都会接到许多观众的电话,有的求方法,有的送方法。其中,许多家庭主妇表达了对节目的热爱和支持。

在开播后较长一段时间里,考虑到接受能力较弱的年长观众,《超级点子王》节目组放缓节目节奏,如一个点子由主持人教授、观众体验、演播室嘉宾再体验三个环节构成三次教授,一期节目时长20分钟,只够教授一个好点子,节目内容单一且呈现速度慢。这一特点在让年纪稍长的观众学会妙点子的同时,一度也被年纪尚轻的观众诟病节目无聊、枯燥。之后通过改版,《超级点子王》将一期节目的内容扩充到40分钟,有些教学环节是年长观众喜欢的,有些科学验证环节是年轻人喜欢的,还有一些情景喜剧环节是孩子们喜欢的。《超级点子王》最终突破了生活服务类节目节奏缓慢、内容单调、制作枯燥的瓶颈,获得观众好评。

案例二:《改头换面(家装版)》

《改头换面(家装版)》是美国广播公司制作的一档关于装修的生活服务类真人秀节目。它于2003年12月3日开播,由恩德莫公司与汤姆·福曼联合制作。该节目荣获2005年艾美奖最佳真人秀节目、美国第32届"民选奖"最佳真人秀节目,并被美国"家长电视媒体监督委员会"评为"最适合全家观看的晚间节目"。《改头换面(家装版)》大大提高了美国广播公司的收视率,是其收视率较高的节目之一。

《改头换面(家装版)》的节目流程是将一个毛坯房、一个值得奖赏和关怀的家庭、几个固执己见的设计师放在一起,在七天时间内重新建造房子。第一季的《改头换面(家装版)》先后为8位失去双亲的孩子重新建造房屋,为经历过自然灾害的地区进行灾后重建,还人们一个完整的社区,为一个行走不便的男孩子重造一个更加舒适的生活空间,等等。与其他真人秀相比,这个节目不是那么充满悬念感和不可预测性,但是它选择"房屋装修"这一美国老百姓感兴趣、也经常将亲力亲为的议题作为切入点,将枯燥的建筑装修和具有强烈话题性的家庭命运结合起来,使这档真人秀既富有可看性,又可以让观众学习到有关装修方面的知识,这也是这档节目获得成功的重要原因。

第三节　中外电视真人秀节目对比

真人秀节目现如今是电视娱乐节目中颇受追捧的一类，各大卫视和视频网站基本上都有自己的招牌真人秀节目，这其中既包括通过购买国外版权后进行本土化改造的真人秀，也有我国的原创真人秀。下面对中外电视真人秀节目从四个方面进行对比：

一、国外真人秀强调冲突，我国真人秀强调合作

大多数国外的真人秀节目强调冲突远远多于合作，而且敢于暴露人性中“丑”的部分，选手也并不回避与评委或其他选手的冲突，将或美或丑、不加雕琢的细节在电视上呈现。反观国内，大多数真人秀节目对合作的强调要更甚于冲突，注重节目整体基调的和谐，评委点评虽然偶尔也有比较尖锐的言论，但大多数时候是以赞许为主，选手之间的关系也以表现和睦、谦让、相互激励为主。

例如美国的户外真人秀节目《幸存者》的游戏规则是选手分组对抗，最后只能有一名选手成为胜利者获得百万大奖。这样的规则使嘉宾既要结盟，又互相竞争、勾心斗角，这就使节目极具看点，让观众从嘉宾的矛盾中找到乐趣。

我国的《走入香格里拉》虽然也是户外生存挑战型真人秀，但节目的规则是要求 18 名嘉宾带着 10 根火柴和 10 天的口粮分成两个小组进行竞赛，最终不是为了个人而是为了团队的胜利。节目的重点在于对人的关注，关注人的生活，关注人的价值观，关心他们在正常和非常态状况下的现实生活，突出了依存、互助、努力、挑战、智慧以及人与自然和谐美好的节目主题。我国东方卫视热播的真人秀节目《极限挑战》，虽然其中也加入了竞争元素，但本质上还是在刻画兄弟间的情谊和体现社会关怀，节目每一期都以某个社会热点或时代背景为主线展开，通过让嘉宾亲身体验社会上最平凡普通的岗位生活，如出租车司机、幼儿园教师、家政服务等的工作内容，让社会各界关注这一话题，同时也让嘉宾在节目过程中增进友谊。节目中的比赛更像是兄弟间的“玩闹”而非“对抗”。

二、国外真人秀注重现场故事，国内真人秀强调现成故事

所谓现场故事首先是现场时态，其次是现场环境，最后是真人秀的现场推动。国外的真人秀注重呈现发生在节目现场的故事，节目组主要是记录选手们在节目之中发生的事情，对节目外的选手背景之类的故事只是简单带过，发生在节目现场的故事才

是关注的重点；而我国真人秀节目所呈现的故事大多数是已经发生在节目之外的现成故事，节目组偏向于将嘉宾的生活故事挖掘出来并展示给观众，背景故事的介绍和评价往事的环节会占据节目的很大版块。这些现成故事往往能让观众更加直接地抵达节目参与者的内心，同时也让节目充满人情味。

例如美国CBS电视台播出的《卧底老板》非常注重现场感，这档节目每一集都有一位大公司的高级执行官隐藏自己的身份，作为入门新手到旗下公司实习，展现卧底老板与工头的冲突等发生在节目现场的故事。这个节目只是给节目参与者一个前提条件，余下的体验和冲突都是在节目内完成的。又如日本的真人秀节目《可以跟着去你家吗》，是在深夜随机访问赶不上末班电车的路人，通过支付出租车车费的条件换取进入路人家进行访问的机会，在最易动情的深夜，把陌生人的人生际遇展现在观众面前。这档节目也是将故事冲突完整地保留在节目里，从询问对象到进入对象的家，节目组只以询问方式推动对象自行讲述，不过多干涉，以最真实的故事调动观众的情感。

我国的真人秀《熟悉的味道》通过美食作为引子，让嘉宾在为其“感激对象”做菜时揭露嘉宾与“感激对象”的故事，并在节目最后让嘉宾和“感激对象”见面从而使故事有一个完美的结局，节目将嘉宾和“感激对象”的故事以回忆和再续的形式在节目中呈现，从而引发观众产生情感共鸣，这是展现现成故事的典型表现。又比如我国浙江卫视推出的《十二道锋味》，每一道美味背后都会有令人动容的情感故事，有父子间的亲情故事、有朋友间的难忘往事，让观众不仅看到了做成美食的过程，还体会到食物因真情而美味的人生感悟。

三、国外真人秀侧重于刻画参与者的性格和心境，而国内真人秀则重视故事情节的完整性

国外真人秀节目比较重视对“人”——选手这一立体形象的刻画，重视表现选手在节目现场所展现出来的个性和心境，表现差异性的“人”成为节目的目标和核心。人是可以不断开发的娱乐资源，也是观众关注的核心，因此国外真人秀节目强调对选手个性的发掘和塑造。国内真人秀节目往往采用传统的编码方法来构建故事，选择更多的模式化的事实材料作为故事元素，强化节目发展的固定模式，让节目故事的发展更加符合观众的心理期待，更能够与观众产生强烈的共情效应。

例如美国真人秀《与卡戴珊姐妹同行》是美国持续热播多年的真人秀节目，节目将大众目光聚焦到了极具话题性的卡戴珊家族，展现了卡戴珊姐妹的个人魅力，将卡戴珊姐妹的生活展现在大众面前，用卡戴珊姐妹的性格魅力吸引观众。日本富士电视

台的真人秀《双层公寓》是让三名男性和三名女性住进一栋豪宅里，共同生活三个月，节目没有预先设定的台本，参与者也都是背景各不相同的素人嘉宾，节目的一切进展都由嘉宾进行现场发挥，节目组只负责将这三男三女接入公寓便不再多加干涉。虽然这是一档恋爱真人秀，但这档节目并未刻意营造恋爱的氛围，而是将余地留给了嘉宾个人发挥，镜头聚焦到参与节目的嘉宾身上，最后结果如何完全是由嘉宾的表现来决定的。

我国的真人秀《明星到我家》是让四位女明星以“媳妇”的身份进入云南的普通农家，与素人“婆婆”们在同一屋檐下共同生活，融入农家质朴的生活中，最终嘉宾们和婆婆的关系都是从陌生到熟悉，再到互相扶持。节目组设置不同的任务以引导“婆媳”关系的深入，让节目在流程的引导下以达到一个皆大欢喜的结局。这种从陌生到熟悉，最后相互扶持、和谐相处的过程和结局符合了我国观众对于理想中婆媳关系的期待，回应了我国公众传统的文化心理需求。在我国另一档真人秀节目《中餐厅》中，合伙人总是会被安排面临经费短缺、经验不足的困境，但仍然能坚持克服重重困难顺利开业，合伙人之间也慢慢从有纷争到齐心协力。在每一季节目中，这样的故事不断上演，但仍然能让观众甘之如饴，正是因为节目既展现了人人都会面对的合作中的分歧和困难，又能让合伙人在经历种种困难后收获苦尽甘来的结果，符合了观众美好的心理预期。

四、国外真人秀偏向于客观叙述，国内真人秀倾向于干预叙述

国外真人秀节目很少主观性地论断或评价选手，节目在选取参与者时也更观注其身份的多样性，保守教派人士、无信仰者，以及女权、男权主义者都会在节目中出现，节目本身并不会对其观点进行评价或引导，不会出现明显的态度倾向。国内真人秀节目往往主导的是引领、评论性的视角，不仅仅止步于将真人秀节目展现给观众，而且引导观众去感悟、思考节目能够带来的启发和洞见。

如美国的真人秀《学徒》邀请来自各行各业的 16 名参赛者到节目里共同竞争一份年薪 25 万美元的工作。节目让参赛者轮流担任团队领导，每一周做一个商业项目，使每个参赛者各显其能，节目组不加以干涉。这档节目让每个参赛者充分地展示自己的个人优势，不加以引导和干涉，并且最终评定只看结果。

例如在腾讯视频出品的《令人心动的 offer》第三季节目中，节目的第一现场是医学院学生在医院中进行实习体验，第二现场则会带来医学专业人士的讨论点评。北京朝阳医院眼科医生陶勇作为观察员分享了许多能带来启发的金句，比如“没有关怀的医学是冰冷的，但没有技术的关怀是滥情的”。在由芒果 TV 推出的婚恋真人秀节

目《再见爱人》中，社会学家沈奕斐常常可以一针见血地指出感情问题的关键，例如“不要高估对于没有爱情的婚姻生活的容忍度”等。这些来自专业人士的洞见和思考，往往能给观众带来茅塞顿开的启发，引导观众以更加专业和理性的视角去看待各类社会问题和现象。

本章思考题

1. 举例说明电视真人秀节目的特征?
2. 电视真人秀节目的类型有哪些?
3. 举例说明中外电视真人秀节目各自的特色。

第六章　中外电视剧解析

本章学习要点

- 西方电视剧的概述及经典作品赏析
- 中国电视剧的概述及经典作品赏析
- 中外电视剧在题材、人物塑造、叙事模式等方面的差异

电视剧是中外电视观众颇为喜欢的节目类型之一，有关电视剧的研究也十分丰富。徐舫洲、徐帆在总结了多位学者对电视剧概念的阐述后，为电视剧做了如下定义："电视剧，是灵活运用文字、戏剧、电影等多种表现手法，广泛深入历史、社会、生活的方方面面，交织使用电子传播、家庭传播、人际传播的各种手段，在当下社会影响最大、收视份额最足的电视节目类型。"[①] 该定义不仅阐释了电视剧的内容、形式和传播手段，而且强调了电视剧在传播效果方面的突出表现。在本章中，我们将分析中外经典电视剧的特点，并比较中外电视剧的异同。

第一节　西方电视剧概述及经典电视剧赏析

电视剧诞生于西方，是伴随着电视而出现的，在1936年电视诞生之前的电视试播中，就有了最早的电视剧。1928年9月11日，美国通用电器公司试播的独幕剧《女王信使》是美国历史上第一部初步意义上的电视剧，也是世界范围内出现的最早的电视剧雏形。1930年，英国广播公司在伦敦播出了意大利剧作家皮兰·德罗的声像俱备的多幕电视剧《花言巧语的人》，又称《口叼鲜花的人》，被视为世界上第一部完备的电视剧。

① 徐舫洲，徐帆．电视节目类型学［M］．杭州：浙江大学出版社，2006：177.

一、西方电视剧的特点

西方电视剧自诞生以来发展迅猛，在形式、题材、视听、制作等方面不断创新与突破，成为西方具有标志性的电视节目，具有鲜明的特点，深受全球观众的喜爱。

第一，西方电视剧的题材相当广泛，涉及女性、神鬼、医疗、奇幻、黑帮、犯罪、末日、法律、民航、反恐、西部、军事战争等，几乎可以囊括社会生活与现实的各个方面。许多题材大胆、新颖、奇特，能够满足不同观众的口味和喜好，比如具有超能力的人类、全城都是吃人的丧尸、美艳冷酷的吸血鬼、飞机失事坠落荒岛、太空奇遇与未来世界……能够迎合观众追求冒险与刺激的心理。同时，西方电视剧往往能够将最新发生的新闻时事作为题材注入剧情中，比如《反恐 24 小时》就是“9·11”事件之后美国反恐各阶段措施的表现，具有一定的时效性。

第二，西方电视剧塑造了生动而鲜明的人物形象，例如代表个人英雄主义、惩奸除恶的绿箭侠奥利弗·奎恩（《绿箭侠》），崇尚女性意识觉醒的凯莉和萨曼莎（《欲望都市》），残酷又温柔的吸血鬼达蒙·萨尔瓦托（《吸血鬼日记》），风度翩翩、温良平和的大表哥马修·卡劳利（《唐顿庄园》），美艳性感又身怀绝技的间谍杀手尼基塔（《尼基塔》），还有个性鲜明、聪慧机智的神探夏洛克（《神探夏洛克》）等，这些人物形象无论在外形还是性格心理方面都被刻画得淋漓尽致，让人印象深刻。不仅如此，这些人物大都具有复杂的人格，没有绝对的好人，也没有绝对的坏人，将人性中的善与恶包裹在一起，显得更加真实。

第三，西方电视剧的剧情喜欢抖包袱，强调反转，呈现出跌宕起伏、一波三折的特点。《越狱》就是这样的代表，这部剧集共五季，主角迈克尔主动犯罪入狱，目的是拯救被人陷害入狱的哥哥林肯，因而他计划带着哥哥越狱，虽然最后两人成功逃脱，但整个过程困难重重，充满波折，而且在逃亡生涯中又阴差阳错地再次锒铛入狱。整部剧情节紧凑、气氛紧张、曲折离奇、充满悬念，人物的命运扑朔迷离，越狱的计划和过程随时都有可能出现逆转，这都深深吸引着观众的注意力。

第四，在制作上，西方电视剧采取的是边拍边播的模式。制作公司一般会完成前几集的拍摄制作，剩下的集数则在播出过程中，根据观众的反应再来进行拍摄制作。这种方式可以节约成本。一旦一部电视剧的前几集收视效果不理想，电视台可以立马撤档，制作公司也不必再浪费精力拍摄剩余集数，可以及时止损。同时，制作公司可以根据观众的反馈来决定剧情的走向，例如，据说在《老友记》第十季中，编剧本来打算安排瑞秋和乔伊在一起，但是播出之后观众“不满意”的声音特别多，于是编剧临时改编剧情，让瑞秋回到了罗斯身边。这样一来，剧情与观众的期待可以高度重合，保证了收视率的稳定。

第五，在播出方式上，西方电视剧的热播时间一般是每年的9月至次年的4、5月，在这段时间内各大电视台会重磅推出新的或者粉丝热追的剧集，如《老友记》除了第七季是在10月开播外，其余九季全部都在9月开播。另外，国外电视剧一般是“季播”，而中国电视剧一般是连续播出。“季播”的概念源于美国，指的是制作单位以“季”为单位进行制作，一周只播出一集。通常情况下，美剧一季的数量是23–25集；英剧则一般少一些，如《神探夏洛克》每季只有3集，《唐顿庄园》第一季只有7集，第二季到第六季每季9集。

西方电视剧的特点还包括制作精良、演员出色、创意新颖等方面，一直以来也广受业界和观众认可。正因如此，西方电视剧才一直备受好评，并且直接或间接地影响了世界其他国家电视剧的发展。

二、外国经典电视剧赏析:《老友记》

《老友记》，又译《六人行》，是一部美国著名的电视情境喜剧，由珍妮弗·安妮斯顿、柯特妮·考克斯、丽莎·库卓、马特·勒布朗、马修·派瑞和大卫·修蒙主演。剧集围绕着六个在纽约曼哈顿生活与工作的好友开展，讲述了他们在长达十年的相互陪伴中发生的搞笑、离奇、浪漫、感人的故事。《老友记》是史上最受欢迎的电视剧之一，全剧共10季236集，于1994年9月22日起在美国全国广播公司（NBC）播出，其后十年，《老友记》每年一季，收视均列年度前十，带给观众无数欢笑和泪水，成为一代美国人不可磨灭的记忆。

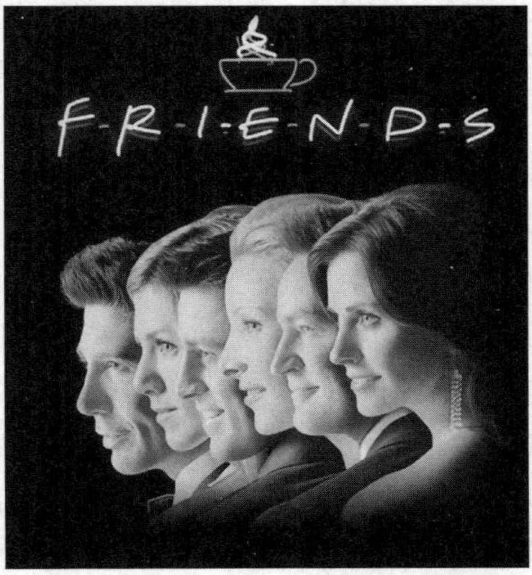

图6–1　经典美剧《老友记》的海报

2004 年 5 月 6 日，《老友记》最后一集播出。许多观众声泪俱下、依依不舍，咖啡馆和酒吧中坐满了《老友记》的粉丝，他们与相伴十年的《老友记》“共度”最后一集的时光。在这之后的十几年里，《老友记》在全球各地以光碟、网络视频等方式不断热播和重映，例如搜狐视频曾在 2014 年重播《老友记》，点击率高达 1.3 亿，可见它的热度未减，生命力延续至今。不仅如此，《老友记》的影响力还延伸到了其他方面：不少剧集试图模仿《老友记》的套路，许多咖啡馆按照剧中的中央公园咖啡馆来布置和装潢，剧中的经典对白成为练习英文听力与口语的素材，《老友记》的周边玩具、服装也广受欢迎。作为一部情景喜剧，《老友记》没有天花乱坠的视觉特效，也没有跌宕起伏的剧情悬念，六位主演刚进组时皆是名不见经传的小演员，但该剧本身及其演员却在十年间多次斩获艾美奖、金球奖、人民选择奖、美国演员工会奖等多项大奖，获得了前所未有的长久关注和轰动性成功。

情景喜剧发源于美国，也是美国电视剧的重要类型，在 20 世纪 90 年代出现了《威尔与格蕾丝》《新鲜王子妙事多》《人人都爱雷蒙德》《宋飞正传》等一大批经典的剧集，成就了黄金一代。在众多优秀的“竞争者”中，《老友记》一经播出便独占鳌头，成为传播最广、影响最大、生命力最强劲的情景喜剧，这注定让《老友记》成为西方电视剧研究逃不开的课题。

1. 个性鲜明的“六人天团”

《老友记》为观众贡献了六个经典难忘的角色，他们不分伯仲、个性鲜明、真实健康、性格讨喜，每一个角色都具有极大的个人魅力。更为难得的是，六个人在十年的合作过程中不断磨合，培养了“合体”般的默契，产生了强大的化学反应。事实上，这六人的“成团”之路并不容易。当年，《老友记》被定位为美国全国广播公司的重点项目，消息传开之后，各大经纪公司疯狂给美国全国广播公司打电话，艺人们的简历蜂拥而至。整个选角过程可谓是一场没有硝烟的战争，“厮杀”极其惨烈，每个角色有超过 1000 人报名，经过了一轮又一轮的筛选和重重比拼，不论对演员还是对制作团队来说都是一次次的挑战和“煎熬”。

最终，詹妮弗・安妮斯顿等六位演员在选角的“血雨腥风”中过关斩将、突出重围，成为《老友记》的主演。这时候，《老友记》的编剧们又依据六位主演的外貌和个性特点，对角色形象和故事框架进行了调整。六位演员本身的个性也逐渐影响并融入角色的塑造中，时常在片场碰撞出火花，让编剧们改变思路，抖出了更有料的包袱。之后，六位演员与角色的契合度越来越高，甚至达到了“人戏合一”的地步，演员们的表演更加真实自然、贴近生活，戏里戏外组成了一个具有强大凝聚力和吸引力的“老友天团”。最终，这六个个性鲜明而生动的角色如同六个“老铁”一样陪伴了电视观众十年之久。

图 6–2 《老友记》中的六位主角

瑞秋（詹妮弗·安妮斯顿饰）其实并不是一个十分讨喜的角色，却是一个真实动人的角色，她既有一些小毛病，也有可亲可爱的优点。她娇气、虚荣、多变，在第一集中就以“逃跑新娘”的身份出现，但是她也天真浪漫又诚恳善良。詹妮弗·安妮斯顿演活了这个让人又爱又恨的富家女形象，成为一代都市女郎的缩影。更让观众感怀的是，瑞秋仿佛是与观众们一同成长的，在剧集伊始，这位被“宠坏”的千金大小姐在朋友们的鼓励之下，抛开优渥的家庭背景，放弃成为医生太太的机会，开始独自生活与闯荡，从咖啡馆里总是出错的服务生做起，一步一步不断努力，最终成为时尚界的翘楚，这仿佛像极了很多都市年轻人的成长轨迹，从而引起了观众的强烈认同感，因此这个角色获得的赞誉最多。

莫妮卡（柯特尼·考克斯饰）是《老友记》的中心人物，当她要搬走时罗斯说：“你可是这个团队的灵魂人物。”其他五人可以说是因她而聚合在一起的，她的公寓也成了六人聚会的大本营。她本身极爱干净、热情善良、爱管闲事、控制欲强，身为厨师能够做一手好菜，因此她总是像妈妈一样照顾大家，成为大家的支柱。莫妮卡是个很生动的人物形象，被不少观众称为典型的“处女座”——有洁癖和强迫症，要求整个屋子一尘不染，所有物品的摆放必须井然有序，凡事都要求认真专心，好胜心极强从不服输……这些小缺点和一个妈妈般的温暖形象融合在一起反而显现出了一丝可爱的色彩。此外，莫妮卡在少女时代可是一个 200 斤的大胖子，与成年后的苗条美女判若两人，这一切都让这个人物充满了戏剧色彩。

菲比（丽莎·库卓饰）在这几个主角中算是唯一身世坎坷的人，她从小就被亲生父母抛弃，随后养母自杀、继父坐牢，双胞胎姐姐又与自己互相厌弃、形同陌路，于是菲比在12岁就开始独自流浪街头。然而，这样的出身背景非但没有让她成为一个苦大仇深的形象，反而是几个人中最乐天派的一个，身世背景常常成为她的笑谈。在菲比的婚礼上，新郎凝望着她的眼神赞叹道："你的奇怪如此迷人。"这其实是对菲比这个角色最好的解读。菲比常常说出一些让人哭笑不得的话，也会做出很多让人匪夷所思、啼笑皆非的事情，她天真乐观又搞怪无厘头的行为深入人心。粉丝们大概都会哼唱她的成名曲《臭臭猫》，也会为她各种脑洞大开的原创歌曲而汗颜。这个不按常理出牌又充满正能量的女孩儿打破了电视剧中女性角色的常规设定，给观众留下了深刻的印象。

乔伊（马特·勒布朗饰）大概是三个男性角色中最讨喜的一个，他一直都是看起来笨笨的样子，没有高智商，缺乏心计，总是跟不上大家的节奏，而且还是个超级吃货，在食物面前六亲不认，从不分享美食，但这也成了他的可爱之处，体现出平常成年人所缺少的稚嫩与童心。就是这样一个傻乎乎的、吃得多还穷得叮当响的大男孩，却生得外形俊俏，在"把妹"上似乎天赋异禀，有一套自己的魅力秘籍，在情场上游刃有余，混得风生水起，吸引着各式各样的美女。在他那句经典台词"How you doing"面前，美女们毫无招架之力，有人甚至统计他在《老友记》里约会过的女性一共超过了50个。不过，这个四肢发达、头脑简单的花花公子认真起来也是一个超级大暖男，对真爱、对朋友非常贴心。呆萌的乔伊既是剧中的笑料担当，又给大家带来温暖，成为观众最期待的角色，以至于《老友记》剧终以后又为他量身打造了新的剧集《乔伊》，延续了乔伊的个人魅力。

钱德勒（马修·派瑞饰）是剧中的冷笑话段子手，总喜欢讲一些不太好笑的笑话。其实让观众捧腹的不是这些笑话，而是讲笑话时钱德勒窘迫的样子。事实上，这种幽默感是钱德勒武装自己的工具，以避免流露自己的真实感情。钱德勒在一个离异的家庭环境下长大，这种童年的阴影导致他在情场上十分不顺，不仅让他在跟异性接触时显得笨拙不堪，而且还对婚姻充满了恐惧。因此，他总是用逃避责任来抵挡伤害，用自嘲式的冷笑话来掩饰自卑。随着剧情的发展，我们在钱德勒身上看到了一个男孩的成长和蜕变，这要归功于他和莫妮卡的爱情。自从和莫妮卡在一起后，钱德勒开始慢慢学习如何面对一段稳定的恋爱关系，从一个胆小怕事的年轻男孩，一点一点克服自身弱点，逐渐成长为一个有担当、有责任感的男人。这也成为这个人物身上最让人感动、最闪光的地方。

罗斯（大卫·修蒙饰）外形高大，是一名古生物学家，专心钟情于自己的专业，视"恐龙"为挚爱，经常沉浸于自己的世界中，爱给朋友们讲述难懂的考古学和其他科学知识，令人啼笑皆非。这位高学历、高智商、高收入的优秀人才，却也有着很多奇葩的地方，例如他30岁出头就离了三次婚；他从高中开始就暗恋瑞秋却从来不敢表白，屡屡错过机会；跟女性约会的时候总是显得一板一眼，谈论女孩们不感兴趣的科学话题……但当他的古板和严谨混入六人朋友圈和喜剧环境时，反而产生了奇妙的化学反应，让这个大个子学者显得可爱又有趣。

这六个角色的人设各有千秋，可圈可点，要重要的是，他们都是城市生活中的平凡男女，展现出了对生活的热爱与期待，能让很多观众从他们身上找到自己的影子。20世纪90年代很多美国年轻人选择来到大城市实现自己的“美国梦”。俗话说“远亲不如近邻”，在长期的合租与群居之下，朋友慢慢超越了家人成为成长道路上最亲密的伙伴，他们一起庆祝喜悦的时刻，也在伤心难过时彼此安慰，更在困难挫折前互相扶持。当瑞秋在朋友们的鼓励下剪掉了老爸给的信用卡，挣扎着开始学会独立时，莫妮卡说：“欢迎来到真实的世界，它很糟糕，但你会喜欢它的。”这代表的可能就是当下许多年轻人的状态，他们对于未来满怀憧憬，乐观而热情；同时也带着疑惑与不安，在社会与工作中不断碰钉子。六个人磕磕碰碰又充满欢笑、充满正能量的成长与生活和年轻人的现实生活十分接近，是在大城市打拼与奋斗的年轻人的真实反映，既记录了他们所承受的社会压力，也展现了只属于年轻人的快乐时光。

《老友记》就是瞄准了这一点，将六个不同的人设聚合在一起，他们的职业不同，有厨师、有教授、有驻唱歌手……他们的家庭出身不同，有富家女、有孤儿、有独生子……他们的个性不同，有人贪吃好色、有人古怪奇葩、也有人古板正直……他们呈现了形形色色的青年群像，让每一个美国青年都能找到自我代入感。六个人既是一个朋友圈，也成为当代美国年轻人生活状态的真实写照。

2. 幽默诙谐的喜剧风格

作为情景剧的标杆之作，《老友记》的第一要务就是要将观众逗乐，它是如何实现这一点的呢？

首先，《老友记》完全遵循了美国情景剧制作的基本规则和模式。情景剧又叫情境剧或者情景喜剧，“它采用现场演出的形式，主要角色和基本环境是不变的，有现场观众的反应。每集都表演一个相对独立的完整的故事，有固定的时长，其中几个主要人物贯穿其中”①，剧中经常会配上“罐装笑声”，让观众不自觉地“从众”发笑，强化喜剧感受，烘托喜剧氛围。为了实现“逗乐”的效果，情景喜剧有着自己的制作规律和模式，每集故事一般在23分钟左右，短小精悍、剧情紧凑，重要的是每一集

① 张智华. 电视剧名作解读［M］. 北京：国防工业出版社，2015：231.

故事中要包含几十个甚至上百个笑点。以《老友记》第一季第一集为例，该集长度为22分48秒，除去片头和片尾，正片约20分钟，里面出现了约80次罐装笑声，也就说平均每15秒就有一个笑点出现，有时甚至更为密集。

当然，生活中不可能只有欢乐，剧情里也不可能只有笑点，一定会有悲伤、难过、愤怒的时刻，《老友记》在处理这些负面情绪的时候，体现出了“点到为止”的原则，一般要很快消化掉这些情绪并丢出新的笑料来缓和气氛。例如，在第9季第12集结尾部分，罗斯和瑞秋发生了一次争吵，这场争吵只有90秒左右的时间，里面还适时地塞进了两个笑点；不仅如此，当争吵结束以后，瑞秋去找乔伊安慰时，还顺带嘲讽了乔伊奇怪的眉毛。可以说，不断丢出让人捧腹的笑点是《老友记》能够吸引观众的最大原因之一。

其次，幽默的语言成为本剧的最大亮点。情景剧一般在固定的室内空间或摄影棚内拍摄，《老友记》的几个固定场所分别是莫妮卡的公寓、钱德勒的公寓和中央咖啡馆。在场景固定的情况下，人物的行动与场面调度在很大程度上受到制约，因此人物的语言就成了实现幽默搞笑的重要手段。剧中有非常多经典的台词让人捧腹大笑，当然其中也不乏插科打诨的段子。

对话一【场景：莫妮卡在一次愉快的约会后与瑞秋聊天】

莫妮卡：你还好吗？睡得好吗？（忍不住笑出来）啊，我实在太开心了一直想笑。

瑞秋：我能看出来，感觉你昨天晚上睡觉时嘴里撑了一个衣架。

对话二【场景：菲比跟瑞秋新招的帅气助理见面】

菲比：你好，我叫菲比。

助理：你的名字真好听。

菲比：那你应该再听听我的电话号码。

对话三【场景：乔伊与菲比讨论修眉的事情】

乔伊：我明天要去拍照，摄影师说我需要修一下眉毛，男生那样会不会很奇怪呢？

菲比：那要看情况。

乔伊：什么情况？

菲比：看他是在变性中的哪个阶段咯。

对话四【场景：菲比邀请莫妮卡去看她男朋友麦克的音乐表演】

菲比：你就过来支持麦克好了，不需要唱歌的。

莫妮卡：所以我不用唱歌，还可以坐在那里讨论、批评别人？

菲比：还可以喝酒。

莫妮卡：那我一定要去！

对话五【场景：瑞秋和菲比在讨论好友的婚事】

瑞秋：很棒吧，莫妮卡和钱德勒要结婚了，两个最要好的朋友坠入爱河，我好替他们开心。

菲比：我也是，好开心。

瑞秋：我超高兴，而且毫无嫉妒之心哦。

菲比：当然，我也一点都不嫉妒呢。

（两个人若有所思地喝了一口咖啡）

瑞秋：我可能有98%的开心和2%的嫉妒，但这2%的嫉妒就等于没有，对吧？

菲比：那当然啊！（停顿一下）可我是9比1诶。

瑞秋：啊，其实我也是。

可以看出，这些幽默的对白中采用了一定的语言修辞技巧，如比喻、反讽、双关语等，并通过演员的语音语调产生幽默、滑稽的效果。这些有趣、诙谐的语言支撑起了整部剧集，这要归功于该剧的编剧团队，据悉，《老友记》一共有50多个编剧，其中有一部分编剧专门负责撰写笑料，他们都是优秀的生活观察者，能够从日常生活中捕捉到笑点与包袱并藏于人物对话中。所以，当一个又一个笑料被丢出来的时候，观众不会觉得刻意和做作，反而会觉得贴近生活、非常自然。

3. 美国文化的集萃拼盘

《老友记》不仅给观众带来欢笑，而且它所表现出的“美式幽默”背后蕴含着的是美国的文化与价值。毫不夸张地说，《老友记》在全球范围的播出为世界观众打开了一扇初探美国文化的窗口。通过六个人在友情、爱情和事业方面的经历和成长，我们看到了美国年轻人的个人主义、爱情观和消费观。

第一，个人主义是贯穿于《老友记》整部剧集的价值观，也是美国文化的真正核心，它强调个人的能动性、独立性、责任心、自尊心和个人利益等方面。美国年轻人崇尚自由主义和独立自主，他们大多数在成年之后就会离开父母。《老友记》里的六个年轻人就是这样，他们宁愿在外租房，过着拮据的日子，也从未想要依靠父母，反而期待向父母证明自己的能力，比如瑞秋就从一个依赖老爸的富家小姐，成长为宁愿自己一个人带孩子也不愿和母亲同住的独立女性。

第二，《老友记》给观众展现了美国当代年轻人的感情观。剧中六位主角年轻貌美，每个人在十年里都有着丰富的感情经历，他们交往过不少对象，有的真心以待，也有的逢场作戏，但是在感情的处理上似乎非常有原则，而且有自己的步骤：单身人士受到的约束较少，一夜情也可以被接受，例如乔伊就一直保持单身，周旋于不同女性之间；然而，如果一旦确定了恋人关系以后就要彼此忠诚，不可以再有欺骗和背叛，剧中的罗斯与瑞秋在一次大吵之后，心烦意乱之下与别的女孩发生了一夜情，这让瑞秋很久都无法原谅他，众人也都鄙视这种行为；同居则被视为两个人感情前进的一大步，也是即将迈进婚姻的标志，无论是莫妮卡和钱德勒，还是菲比和迈克，当恋人们要同居的时候，一定会受到朋友们热烈的祝贺；婚姻则是一件极其慎重的事情，它代表了男女之间对婚姻的忠诚以及对家庭的责任，以莫妮卡和钱德勒这对欢喜冤家为例，钱德勒对于婚姻一直都非常恐惧，而莫妮卡从小就渴望走入婚姻的殿堂，但即便如此，莫妮卡也从未向钱德勒“逼婚”，反而一直安慰他“我知道你没有准备好”，直到钱德勒对婚姻不再惧怕，真的愿意与莫妮卡结婚的时候，两人才终成眷属。剧中的恋人几乎都是按照这样的步骤在处理他们的感情生活，这并不是以讹传讹的“随便”与“开放”，而是体现出了恋爱关系中的理性与规矩。

第三，剧中体现了美国文化的“享乐主义”，《老友记》中的六个人都在外租房，初入社会时的经济条件并不优渥，但这毫不影响他们的娱乐活动，他们经常在咖啡馆里喝咖啡、开办各种节日派对、周末集体出行旅游、赠送朋友礼物、一旦赚钱了就马上改善生活环境……他们的消费观似乎更为洒脱，呈现出“有能力就享受，经济出现问题便缩减开支”的状态。例如，乔伊因为演戏成名赚了一些钱，他马上搬进了豪华公寓，并花重金买了许多昂贵的家具和装饰品；然而，好景不长，当他的角色被编剧拿掉以后，他无力支付高额的信用卡账单，又卷着铺盖搬回去和钱德勒合租。这种及时行乐的行为体现了美国人较为自由的消费观和金钱观。

4. 大牌明星的惊喜客串

情景剧除了固定的主角以外，一般还会邀请当红明星或知名人士友情客串，就像是附赠的一份美味惊喜的小甜点，而《老友记》的这道点心绝对是“米其林三星”级别的，因为前来客串的嘉宾全部都大牌到让人尖叫，这里面不乏奥斯卡影帝和影后，也有很多好莱坞一线男女明星，他们的出现让整部剧星光熠熠、充满惊喜。

布拉德·皮特的客串一直被观众津津乐道，当时他与詹妮弗·安妮斯顿正在热恋中，据说皮特在客串《老友记》之前并没有跟安妮斯顿打招呼，当她在剧中走进客厅看到皮特的时候，是真的吓了一跳。最有看点的是，很多明星客串《老友记》就是为了过一把喜剧的瘾，所以他们在剧中纷纷突破自我形象、放下偶像包袱，挑战了与平时不一样的角色和风格，例如，作为安妮斯顿的男友，布拉德·皮特在剧中却客串了一个“憎恨”她的老同学，全程都看她不顺眼，让人忍俊不禁；曾主演《虎胆龙威》《第五元素》的动作硬汉布鲁斯·威利斯在剧中饰演了一个爱哭鬼，他还凭借这个角色斩获当年艾美奖喜剧类最佳客座男演员奖；扮演莫妮卡前男友的汤姆·塞立克，曾是20世纪80年代美国好莱坞知名的一线动作片演员，而且还是美国前总统里根的好友及支持者。

每次超级明星的客串都能获得热烈的掌声，“猜猜这集谁会来”也成了当时粉丝们追剧的乐趣。这些明星大腕愿意“屈尊”来友情客串，也反过来印证了这部剧扎实的群众基础和品牌效应。

十年来，《老友记》带给观众无数的欢笑与感动，六个性格可爱的主角也成为陪伴观众成长的“好朋友”。在《老友记》播出以后，有许多情景剧尝试效仿、复制它的模式，但从未成功超越，《老友记》从人物塑造、剧情设置、语言笑料、文化价值等方面可以说都达到了美国情景剧的巅峰，以至于在停播多年之后仍然常常被大家怀念与重温。

第二节　中国电视剧概述及经典电视剧赏析

中国电视剧的发展要晚于西方，与中国电视事业的发展保持同步。1958年5月1日，中国第一座电视台——中央电视台的前身北京电视台开始实验广播，而在同年的6月15日，中国第一部电视剧《一口菜饼子》播出，从而开启了中国电视剧的发展。这部黑白电视剧全长只有20多分钟，是根据刊登在《新观察》杂志上的同名小说改编而成的，讲述的是一个不要忘记过去苦难生活的故事。当时中国的电视事业刚刚开始，没有前人的经验可供借鉴，也没有国外的资料作为参考，技术条件方面又比较落后，因此整部戏的情节十分简单，采用现场直播的方式，以舞台剧为基础，用几台电子管式的笨重摄像机以及最简单的蒙太奇手法完成了整个直播任务。这部电视剧在今天看来似乎更像一个小品，但对于当时的主创们来说，这是一个全新的发明，是一种为电视量身定做的戏剧形式，由此电视剧走上了具有中国特色的发展道路。

一、我国电视剧的发展历程

我国电视剧从出现到如今已经经历了60余年的风风雨雨。这稳步发展的60年可以被划为 6 个阶段：

一是 1958—1966 年的直播时期，这是我国电视剧咿呀学语、蹒跚学步的阶段。电视剧以现场直播为主，当时“北京、上海、武汉、天津、广州、长春、哈尔滨、西安、长春等地电视台共计播出了大约180余部电视剧”①，出现了像《桃园女儿嫁窝谷》《雷锋》《焦裕禄》《绿林行》等优秀剧集。当时的电视剧作品基本没有太多的娱乐性，以较强的宣传作用为主，侧重于政治思想教育，从题材上可以大体分为六类，分别是：配合全党的宣传任务、歌颂新人新事新生活、歌颂英雄人物、少年儿童教育、民间传说、国外题材。由于当时文化资源匮乏，电视剧的出现受到了观众的热捧。

二是 1966—1976 年的剧荒时期，在“文革”的影响下，刚刚起步的中国电视剧事业发展停滞不前，北京电视台只在 1967 年拍摄了一部黑白电视剧《考场上的反修斗争》，上海电视台在 1975 年录制播放了两部电视剧《公社党委书记的女儿》和《神圣的职责》，整个“文革”十年期间，中国就只生产了这三部电视剧。

三是 1978—1990 年的复苏和发展时期，这是一个难以逾越的经典年代。“文革”结束以后，中国电视剧事业不仅逐渐复苏，并涌现出众多难以超越的经典作品。1978 年 5 月播出的《三家亲》是新时期录制的第一部彩色电视剧，也是电视单本剧时代的开始，成为中国电视剧复苏的标志之一。1981 年，中国第一部电视连续剧《敌营十八年》诞生了，初剪版本为 10 集，后剪成 9 集在春节播出，一时掀起极大反响。1985 年，中国第一部长篇电视连续剧《四世同堂》播出，共 28 集，改编自老舍先生的同名长篇小说，较忠实地再现了原著的思想内蕴和悲剧意识，成为当时社会舆论的中心话题。1986 年，经典电视剧《西游记》播出，造就了 89.4% 的收视率神话，这是中国第一部采用特技拍摄的电视剧，至今仍在寒暑假被多次重播，受到几代观众的喜爱，其中的主题曲也成为传唱度极高的经典之作。1987 年春节，36 集大型古装电视连续剧《红楼梦》首次以日播的形式在中央电视台播出，得到了大众的一致好评，被誉为“中国电视史上的绝妙篇章”和“不可逾越的经典”，陈晓旭所饰演的林黛玉成为观众心目中不可替代的林妹妹。到了 1990 年，中国的电视剧年产量已经突破了万集大关，走向新的发展高峰。

四是 1990—2000 年，电视剧的发展进入了黄金时期，渐渐成为获得收视率最高的王牌电视节目类型，电视台工作的重心也更多地放在了电视剧的生产与制作上。因此，这一时期电视剧的内容越来越丰富，电视剧类型也逐渐多样起来，古装

---

① 曾庆瑞 .50 年奋发有为铸造时代辉煌——为中国电视剧 50 年贺岁［J］. 当代电视，2008（10）：22-27.

剧、武侠剧、军事题材剧、家庭伦理剧、青春偶像剧等纷纷涌现，能够满足不同观众的需求。1990 年 12 月，50 集电视连续剧《渴望》在中央电视台播出，它以写实的视角直面那个动荡难安的年代，讲述普通百姓的真实故事，因而轰动全国、感动千万人，成为当时的“现象级”电视剧，是中国电视剧史上最有力量、最有代表性的作品之一，具有里程碑式的意义，并将“飞天”“金鹰”等多项大奖尽收囊中。1994 年，中国第一部情景喜剧《我爱我家》应运而生，这是我国在情景剧这一新兴电视剧形式上的重大突破和探索，该剧集结了宋丹丹、文兴宇、杨立新、关凌等众多喜剧演员，给观众带来了阵阵欢笑。总之，在千禧年到来之前，中国电视剧的发展不断在进行创新与突破，涌现出了许多现象级作品，电视剧艺术呈现出一派欣欣向荣的景象。

五是 2000—2010 年，这一时期的电视剧艺术创作日趋成熟，在质量、产量等方面都有大幅度提高，形成了中国电视剧多元创造的新格局。这一方面是因为政策的大力扶持，2002 年中共十六大召开，文化产业被政府明确纳入了国家发展的宏观战略格局，这为电视剧的发展开辟了一条康庄大道；另一方面体现在制播分离形式的出现，民营影视制作公司应运而生，打破了中国电视剧制作行业的单一化格局。这一时期，类型化电视剧异常活跃，比如军旅题材电视剧就出现了许多口碑、收视双赢的作品，《亮剑》《士兵突击》引发了国人对峥嵘岁月与军旅情怀的集体回忆；“婆媳剧”掀起了一轮家庭伦理讨论狂潮，《金婚》《媳妇的美好时代》《麻辣婆媳》都获得了不俗的表现；2007 年，《奋斗》开启了当代青春励志剧的时代，展现 80 后年轻人的青春情感和奋斗历程，直面 80 后大学生在毕业后所遇到的创业、买房等现实难题，勾画出一群有血有肉、青春热情的青年人形象……这一时期中国电视剧的题材和内容不断翻新，贴近生活与现实，引起观众的强烈共鸣。不仅如此，2007 年，中国电视剧拿下了生产数量世界第一、播出数量世界第一、观众数量世界第一，这三个“世界第一”让中国成为毫无争议的电视剧大国。

六是 2010 年至今，在媒介融合的趋势下，互联网给电视剧提供了新的发展机遇，但也在改变着电视剧的创作规律与呈现形态。对于电视剧来说，电视不再是唯一的播出平台，许多电视剧选择台网联播甚至网络独播，因而衍生出网络剧这一新剧种。电视剧的评价标准也发生了改变，除了收视率以外，网络视频的点击率、点赞数、留言评论、弹幕反馈等也占了极大比重。特别是从 2015 年 1 月 1 日开始，国家广电总局颁布的电视剧播出政策“一剧两星”正式施行，改变了原有的“一剧四星”的格局，即一部电视剧最多只能同时在两家上星频道播出，这让更多电视剧转身进入了互联网视频平台，使网络剧市场蓬勃发展。在这一背景下，IP 剧大量出现，成为时代的宠儿。

2018 年是改革开放 40 周年，一大批改革开放题材的献礼影视剧如火如荼地开播了，《大江大河》《我们的四十年》《外滩钟声》《正阳门下小女人》《归去来》《大浦东》《面向大海》《最美的青春》《你迟到的许多年》《北部湾人家》《那座城这家人》《姥姥的饺子馆》《岁岁年年柿柿红》《鸡毛飞上天》等作品均获得了良好的口碑与收视，展现了四十年的风雨历程里人物的命运沉浮、改革的进程、社会的发展变化以及国家的伟大复兴。

二、中国经典电视剧赏析:《甄嬛传》

2004 年，由香港电视广播有限公司出品的古装宫斗剧《金枝欲孽》登上电视荧屏，一度在市场上掀起收视狂潮，被称为宫斗剧的始祖，同时也开创了宫斗剧的风潮。一时之间，“宫斗”成为中国电视剧的热点题材，《杨贵妃秘史》《宫心计》《步步惊心》等大型宫斗剧接踵而至。宫斗剧在赚得盆满钵满的同时，也因其题材单一、情节雷同、粗制滥造、抄袭扎堆而让观众产生了审美疲劳。直到 2011 年，《甄嬛传》横空出世，让万分期待的电视观众眼前一亮，它以精致精美的场面设计、实力强大的明星阵容和跌宕起伏的情节结构，再次点燃了观众的收视热情。该剧于 2011 年 11 月 17 日起陆续在中国大陆各地方台播出，随后于 2012 年 3 月 26 日登录安徽卫视和东方卫视，又陆续在其他卫视频道和中国香港、台湾地区播出，使各卫视收视率屡破纪录。该剧还漂洋过海被引进至加拿大、韩国、马来西亚、新加坡、美国、日本、泰国等多个国家及地区，口碑不俗。

《甄嬛传》（图 6-3）改编自流潋紫所著的同名小说，讲述了甄嬛从一个不谙世事的纯真少女，在经历种种宫斗之后，成长为一个城府颇深、善于谋权、雷厉风行的深宫妇人的故事。导演郑晓龙首次执导古装剧，他秉承“大事不虚，小事不拘”的原则，将原著中虚构的历史时期嫁接到清朝雍正年间，进行了深入的二度创作，使真实的历史与虚构的艺术巧妙结合起来，为观众呈现出一部严谨而又好看的宫廷大戏。①

① 刁生虎 . 宫廷剧的成功之作——电视剧《后宫甄嬛传》评析［J］. 创作与评论，2013（4）：100-103.

图 6–3 《甄嬛传》剧照

1. 人物性格饱满

《甄嬛传》在人物的塑造上值得称道，女主人公甄嬛不再是传统古装或言情作品中善良纯真的“白莲花”形象，而是一个有爱有恨、有血有肉、颇具复杂人格的女性。流潋紫在《后宫·甄嬛传》(修订典藏版)的序文中提到了她塑造甄嬛时的重要原则就是“不完美”，正因为这样的不完满，这个人物才显得真实和饱满。首先，甄嬛外表美丽柔弱，本性天真浪漫，但内心如明镜一般透彻，她聪明伶俐，极有主张，又会审时度势，做事谨慎，她刚入宫便明白“以色事他人，能得几时好”的道理，也懂得皇帝从来不是她一人的夫君，所以从不肆意争宠，反而一直低调行事，不掀波澜。其次，甄嬛心地善良，愿意帮助无辜的人，但她的善意也是有底线的，面对虚情假意之人，她也从不姑息。她对安陵容便是如此，安陵容初次入宫参选秀女时因父亲官品低微而遭受欺凌，甄嬛出手解救她于危难，还把秋海棠别在她的鬓上，助她成功入选秀女，而当安陵容迫害沈眉庄难产时，甄嬛二话没说就打了她一巴掌，从此对她冷眼相看、形同陌路。再次，甄嬛是个敢爱敢恨、爱憎分明的女性，她爱的时候轰轰烈烈、全心全意，一声亲切的“四郎”饱含着她对雍正的款款情深，但是当她得知自己在皇帝心中只是纯元皇后的替身时，悲愤不已，对雍正彻底绝望，于是斩断情丝，产女之后就离开皇宫去往甘露寺修行，走得十分决绝。最后，甄嬛虽从无害人之心，但面对敌人时也不惜使用狠辣的手段，她扳倒华妃，斗垮皇后，最后走上太后宝座，这都证明了她其实是一个有仇必报、精于算计的人。她为了报复皇帝的薄情寡义，纵容宁嫔给皇帝下毒，并在皇帝弥留之际，告诉皇帝“沈眉庄的女儿不是他亲生的”这一事实，给了他最致命的一击，让他含恨而死。

若按照中国电视剧以往的创作经验来看，这样的甄嬛绝不是典型、标准的女主角，但她突破了传统电视剧作品中单一面向的女性形象，塑造出一个充满矛盾与冲突的深宫妇人形象。当她利用自己的才智与美貌，先发制人、主动出击，最终击败一个个对手时，让观众大喊“过瘾”、拍案叫好。

其实不仅仅是甄嬛这个人物形象让人印象深刻，剧中其他人物也都非常鲜活和饱满，被赋予了复杂的人物性格与人物心理，显得具有真实感和立体感。例如华妃，她出身名门世家、美艳不可方物，却嚣张跋扈、心胸狭隘、心狠手辣、倚仗专宠横行六宫，但这一切都是因为她可能比任何人都要爱皇帝，这份沉甸甸的爱让这个女人失了心智，她不愿意与任何人分享皇帝，不愿意再尝到“从天黑等到天亮的滋味”，所以她要与所有嫔妃争宠，从此变得面目狰狞。但最可悲的是，华妃一直深爱着的皇帝却是算计自己最深的人，雍正在赐予华妃的香料“欢宜香”中加入大量的麝香而导致她多年不孕，当华妃得知真相以后，苦笑着仰天长叹一句“皇上，你害得世兰好苦啊”，随后彻底绝望，带着对皇上的一份情，撞墙惨死。虽然华妃做了很多坏事，但当她含恨而死时，我们能看到这个人物并非是一个纯粹的恶人，而是前朝后宫权力游戏中的一枚棋子，是一个既可憎又可怜、充满悲剧色彩的人物。

2. 古典诗韵美感

与一般语言直白、现代通俗的宫斗剧不同，《甄嬛传》的台词风格典雅，极具古典诗韵的美感。原著作者、编剧流潋紫曾在采访时提到自己深爱《红楼梦》，书中的文学语言对她的影响颇深。《甄嬛传》的语言风格非常接近《红楼梦》，华丽考究、典雅婉约、柔美细腻、逻辑清晰，主角在说话的时候为了顾及皇室贵族的仪态和面子，总是慢条斯理、娓娓道来、周全谨慎、曲折委婉，为观众营造了一个古典诗意的宫廷氛围。

对话一——第 16 集，甄嬛与安陵容见面叙旧：

安陵容：姐姐。

甄嬛：妹妹。

安陵容：我费了几天的功夫，用姐姐赠予我的素锦绣成此物，特来送给姐姐。陵容觉得与其绣一只带着昭阳日影的寒鸦企盼皇恩，还不如是开在御花园中的春日桃花，得享雨露恩泽，方不辜负这华贵的素锦。

甄嬛：桃之夭夭，灼灼其华，妹妹自然是宜室宜家。

安陵容：多谢姐姐吉言。

甄嬛：妹妹的衣衫首饰有些旧了，我替妹妹好好打扮吧。

（打扮完毕后）

甄嬛：这样就够了，如何？

安陵容：姐姐的衣裳艳丽如霞，华贵无比，陵容自愧不如。

甄嬛：艳则艳矣，贵亦无匹。只是在这盛暑天气，清新之色总比艳丽更令人倾心。清水出芙蓉，天然去雕饰，总是最打动人的。

对话二——第60集，皇帝和皇后探望生产后的甄嬛：

皇后：熹贵妃诞下这两个婴孩之后，臣妾也没有旁的东西可以赠送，倒是从前姐姐在时有几块上好的羊脂玉给了臣妾。臣妾已叫工匠连夜赶工，制成了一双玲珑玉璧给两个孩子保平安用。

皇帝：她的东西自然是极好的，给孩子用也好，难为你舍得。

皇后：姐姐之前留给臣妾的念想之物不少，臣妾都时不时拿出来细看一番，也是姐妹间的情分。

皇帝：这是自然。

对话三——第67集，甄嬛与雍正为安陵容选封号时的一段对白：

太监：内务府拟好了给安嫔的封号，请皇上过目。

雍正（对甄嬛）：你来帮朕看看吧。

甄嬛：字的意思倒还都好，这个“肃”字，刚德克就曰肃，貌恭心敬曰肃。倒是这个“文”字，好像更对安妹妹的性子。

雍正：容儿静默谦顺，乃礼仪人也，这个“文”字的确更贴切。

甄嬛：“文”这一字可以说是文静有礼，但更多的时候是形容一个人腹有诗书气自华，若选了这个字，只怕安妹妹会多心了。

雍正：那便只剩个“俪”字了。

甄嬛：“俪”字，容颜姣好，是成双成对的美意，又可指伉俪情深，果然是极好的。

从这几段摘录中可以看出，剧中的人物对话非常注重身份和礼仪，无论是真心实意还是绵里藏针，他们讲话时都斟酌有度、有条不紊、逻辑清晰，几乎到了出口成章的地步。这些语言对白在遣词造句上非常讲究，多借用古诗文的行文套路，运用华丽的词藻和曲折的长句，善用丰富多样的修辞技法，娴熟妥当、文采翩翩、十分雅致，念起来竟有一种曲径通幽的味道。不仅如此，《甄嬛传》中常用的一些词语，如“姐姐妹妹”“本宫”“娘娘”“小主”“极好的”“真真”“想来”“甚是”“今儿”“越发的”“最好不过”“倒也”“闲来”“方才”等，古色古韵又颇有趣味，还在网络上掀起一阵“甄嬛体”的浪潮，网友们将日常表述转换成“甄嬛体”，形成了古雅别致又具娱乐调侃的喜感效果。

《甄嬛传》中还引用了很多耐人寻味的古代典籍和诗词曲赋，为整部戏增添了厚重的文化底蕴。例如，甄嬛在选秀时，就引用了诗句“嬛嬛一袅楚宫腰”（出自蔡伸的《一剪梅·堆枕乌云堕翠翘》）向皇帝解释自己名字的寓意；当皇帝问及沈眉庄为什么喜欢菊花时，沈眉庄的回答是“宁可枝头抱香死，何曾吹落北风中”（出自郑思肖的《寒菊》）；皇帝曾用“清水出芙蓉，天然去雕饰”（出自李白的《经乱离后天恩流夜郎忆旧游书怀赠江夏韦太守良宰》）来形容甄嬛清新脱俗的打扮；果郡王与甄嬛在桐花台偶遇时，对着七夕之夜叹道“金风玉露一相逢，便胜却人间无数”（出自秦观的《鹊桥仙·纤云弄巧》）……据统计，《甄嬛传》中共引用了73首诗词，其中《诗经》8首，汉代诗歌5首，三国两晋南北朝诗歌5首，唐诗34首，宋代诗词17首，元代词2首，清诗1首，今人诗1首。[①]诗词中描述的场景与故事情节紧密结合在一起，再加上电视画面的生动形象的呈现，使中国古典诗词的艺术魅力再次被点燃，让很多观众迷上了这些经典诗词，纷纷去阅读和赏析。

3. 精工细作，视听盛宴

《甄嬛传》被视为近年来最优秀的宫廷大戏，原因之一就在于该戏是一部精工细作的精品，不仅打造了豪华的视听盛宴，而且在细节处理上尤为细致，力求实现严谨真实，与历史完美融合。

该剧在画面、镜头、色彩、服装造型、音乐音响等方面的处理十分讲究，营造出了极具吸引力和冲击力且兼有中国古典美学神韵的视听效果。从画面与镜头上讲，整部戏很少有剧烈的运动镜头或颠簸的手持镜头，而主要以平稳的固定镜头和缓慢的运动镜头为主，以配合戏剧中所表达的宫廷之美。剧中人物造型常常引得观众津津乐道，无论是人物的服装、化妆还是首饰都体现出一种古典正剧的味道，最重要的是，十分贴近角色的身份与性格。例如，当皇后娘娘出席重要场合时，一般以华丽的金色为主，佩戴珠玉钿子，尽显正统与尊贵气场；华妃性格跋扈，宠冠六宫，因此服装常常以抢眼的大红、大紫为主，妆容艳丽，再配上她傲慢骄横、盛气凌人的表情，给人一种“不好惹”的感觉；沈眉庄是位大家闺秀，举手投足之间都透露出端庄大方、温

① 张彩丽．论电视剧《甄嬛传》对诗词曲赋的运用［J］．电影评介，2012（22）：64-66.

婉贤淑的气质，因此她在剧中的服装以淡紫色、淡粉色为主，妆容干净、整洁。而甄嬛一生的不同阶段也都投射在她的每一个造型中：初入宫时，她是单纯明媚的少女，所以服饰以浅蓝、浅粉、淡青色为主，首饰、发饰都较简单，妆面干净、轻盈，显得素雅又清丽脱俗；受宠后服装则变成了饱和度较高的翠绿、桃红和湛蓝，这时候的发髻和妆容都有"轻熟"的味道，但仍然有种温润亲和的气质；失宠后进入甘露寺修行时，她一身灰蓝色佛衣，裸妆出镜，身上没有半点明亮的色彩，表现了她憔悴、失意的境地；复宠回宫的钮祜禄氏甄嬛，是带着"杀气"回来的，一改从前的素雅，衣着多以红黄为主，妆容浓烈，唇色深红，眉锋犀利，金钗玉饰挂满身，彰显出雍容华贵的地位和霸气威严的盛势。这些美丽的造型配合着漂亮的取景，每一组镜头都给观众带来美的享受，也体现出幕后创作者的"工匠精神"。

《甄嬛传》中的六首音乐也非常出色，均由国内著名的音乐人、歌唱家刘欢担任作曲工作。其中四首插曲《菩萨蛮》《长相思》《金缕衣》《采莲曲》的歌词皆改编自中国古诗词，后期重新作曲、编曲和演唱，为剧情增色不少，对渲染氛围和烘托主题起到了锦上添花的作用，颇具艺术魅力。两首主题曲《红颜劫》《凤凰于飞》则是原创作品。片头曲《红颜劫》的歌词总共只有54个字，却缠绵悠长，古意盎然，开头一句"斩断情丝心犹乱，千头万绪仍纠缠"唱出了深宫女人的惆怅心声。该曲由英年早逝的实力唱将姚贝娜演唱，她在演唱这首歌曲时正在与乳腺癌抗争，仿佛将自己的悲惨命运也融入了这首歌曲中，缓缓倾诉，如怨如慕，用清越的音色唱出了细腻婉转的情感，缠绵却不低迷，显得深情动人、气韵悠长，成为一代绝版。片尾曲《凤凰于飞》则由刘欢作词、作曲并亲自演唱，体现了这个音乐家的高水平。"凤凰于飞"本是出自《诗经》，原意为凤与凰在空中相偕而飞，在这里暗喻电视剧中帝王家族的相爱相伴。整首歌曲层次感极强，前半段慢慢铺垫，娓娓道来，仿佛暴风雨的短暂前奏；随后的旋律越来越激烈，如同一层又一层的大浪迎面扑来，给人越来越强的压迫感，展现出大气磅礴、辉煌豪迈的气势；在情绪宣泄完毕之后又回归平静，仿佛风雨停歇、大浪散去一般。整首歌一波三折，时而高昂，时而低沉。演唱者刘欢宽阔的音域、浑厚而嘹亮的男声成功地诠释了这首歌曲，颇有慷慨磊落、潇洒悲壮之风，唱出了后宫女人荣辱兴衰的一生，余音袅袅，让人意犹未尽。这六首音乐对深化该剧主题起到了画龙点睛的作用，透露出浓浓的古典美，具有较高的艺术价值。

除此之外，《甄嬛传》虽然并不是严格意义上的历史正剧，但在剧中体现了主创们尊重历史的态度，十分注重历史细节的真实性，对剧中涉及的饮食起居、服饰服装、礼节仪态、医学药理、刑罚律制、器物装饰等方面都要求十分严谨，增加了该剧的历史厚重感。饰演太医温实初的演员张晓龙担任该剧的礼仪指导，他是中央戏剧学院的副教授，曾跟随宋丽芬教授学习古代礼仪，对各个朝代的礼仪都有所研究，还拜访过清末婉容皇后的弟弟郭布罗·润麒。他对于《甄嬛传》的礼仪指导十分细致，提前半个月就对剧组人员进行礼仪集训，尽量还原真实的宫廷礼仪，最大限度地贴近历史。

当前中国的影视事业蒸蒸日上，每年出品的电视剧不胜枚举，但在这欣欣向荣的业态背后，我们也看到了许多粗制滥造、模仿抄袭及“流水线”式的电视剧产品。《甄嬛传》坚守精益求精的创作要求和制作水准，得到了电视观众和业界的极大肯定，电视剧及其主创和演员斩获上海电视节白玉兰奖、中国电视金鹰奖、华鼎奖等多项大奖，成为近年来宫廷戏中难以逾越的标杆。

第三节　中外电视剧对比

无论在中国还是在外国，电视剧作为一种大众文化产品，既能够反映一定的社会现实，帮助观众了解不同地域的文化和历史；又能够给观众带来愉悦和享受，给观众繁忙的生活带来一丝轻松与快乐；还能够在一定程度上提高人的道德水平，具有一定的教育和净化功能。电视剧的功能和价值是多元的，但是在中外不同的社会背景、文化环境、历史传统的影响下，中外电视剧具有一定的差异，主要体现在以下几个方面。

一、从电视剧的题材上来看

近年来，中国的电视剧事业虽然格局越来越大，创新性也越来越强，题材主要集中在两个方面：现实题材和古装题材。这两种题材的电视剧加在一起几乎占据了国内 80% 以上的市场。《中国电视剧产业发展报告 2019》对 2018 年中国电视剧市场做了全面的调查分析，发现 2018 年生产完成并获得发行许可证的电视剧总量一共有 323 部，其中以都市情感、家庭伦理、生活职场为主的现实题材电视剧依旧占据最大比重，达到 63.16%。2018 年电视剧平均收视率排名第一的是《恋爱先生》，该剧定位为都市情感剧，描绘了一幅都市男女的群像画，用“轻喜剧”的方式折射出都市男女在情感中出现的问题。其实近年来，现实题材的电视剧一直占据了较大比重，2016 年占全年总部数的 57%，2017 年占全年总部数的 60%，呈现出逐渐上升的趋势，这其中有很多都引起了现象级效应，如电视剧《人民的名义》于 2017 年 3 月 28 日在湖南卫视“金鹰独播剧场”播出，收视率突破 8%，刷新了近十年省级卫视收视的最高纪录（图 6-4）。该剧讲述了中国当代检察官查办各类贪污腐败事件的故事，展现了检察官维护公平正义、强调公正法制的力量与担当。该剧在短时间内引起了广泛、热情而积极的讨论，受到广大观众特别是青年观众群体的热烈追捧，成为近年来又一部点燃年轻人追剧热情的主旋律电视剧，重新建立了影视收视率和观众口碑高峰，并入选为2017年中国十大事件之一。

图6-4 电视剧《人民的名义》海报

中国电视剧的另一大题材就是古装剧，现在也被业界人士称为古装偶像剧，近年来霸占了各大电视台和网络平台的收视排行榜，是粉丝最多、观众追剧热情最高的类型。这一方面在于近年来大部分的古装偶像剧都源自IP作品，已经有了大量的粉丝基础；另一方面在于古装剧无论是人物角色扮相、剧情设置还是武术特技、视听效果等方面都能给观众带来一定的惊喜。以《花千骨》为例（图6-5），该剧是由霍建华、赵丽颖领衔主演的古装玄幻仙侠剧，讲述了少女花千骨与长留上仙白子画之间的纯爱恋情，故事情节跌宕起伏，画面场景唯美浪漫，人物造型仙气飘飘，矛盾冲突环环相扣，情感表达刻骨铭心，对观众有着巨大的吸引力，也开创了当代古装仙侠剧的潮流。该剧自2015年6月9日起在湖南卫视周播四集，首播就得到了广泛关注，获得了2015年中国电视剧周播收视率第一名的傲人成绩，其网络点击量、发行收入、同名手游收入等都位列同时段第一，成为当年的现象级电视剧。而后播出的《三生三世十里桃花》《延禧攻略》等古装题材电视剧同样也获得了巨大的收视反响。

图6-5 电视剧《花千骨》海报

相比较而言，由于文化背景的不同，科幻是西方电视剧较为擅长的题材，也是广受观众欢迎的题材。科幻剧通常以科学和想象力为基础，剧中充满先进的技术、奇妙的场景、神秘的时空、莫名强大的力量、可视化的幻想、未来世界的穿行、外星球的人与物、鬼怪神力，等等，无限发散人们的想象力和创造力，将现实主义与超现实主义结合在一起，通过精湛的后期特效技术，给观众带来具有冲击感和震撼力的视听效果。《地球百子》《英雄》《行尸走肉》《童话镇》《X 档案》《超感八人组》《恶魔岛》《迷失》《危机边缘》《天赋异禀》《触摸未来》等都是炙手可热的科幻题材电视剧。其中，集暴力、科幻、悬疑等元素于一身的《英雄》(图 6-6)可以说是最具影响力的一部科幻电视剧，它围绕着世界各地具有各种特异功能的人类而展开故事，提出“人类是否还在进化？”的论调，与前沿科学“成功对接”。该剧一经播出，在美国的收视率横扫《越狱》《迷失》等剧，长时间登上美国电视剧收视率第一的宝座，成为佳片霸主，连大导演斯皮尔伯格都说“这是我最喜欢的一部剧集，它的震撼效果无与伦比”，而美国媒体则以“《英雄》拯救了 NBC”作为标题来介绍该剧。

图 6-6 美剧《英雄》海报

家庭伦理也是西方电视剧的一个主要题材，西方现实题材电视剧在表现小家小爱的基础上注重表达人物性格与心理的多面性，以及探索人际交往、家庭关系的处理方式，从而折射出整个社会存在的问题。不仅如此，西方的家庭伦理剧中也通常包裹着喜剧色彩、悬疑色彩，让剧情更加跌宕起伏、节奏紧凑，更能抓住人的眼球。例如《绝望的主妇》(图 6-7)是风靡全球的一部家庭伦理剧，在 2004 年至 2012 年期间共播出 8 季，曾获得过金球奖、艾美奖、人民选择奖等。虽然故事是以几个主妇及其家庭生活为主，但其实糅合了很多元素，既有传统家庭伦理剧中让人潸然泪下的亲情爱情和发人深省的生活哲理，同时也有让人笑不可抑的喜剧元素以及悬疑可怖的黑色情节。例如，该剧的第一集以一个主妇的自杀身亡作为开场，从而埋下悬念，而之后的剧情中也不乏欺骗、暗害、谋杀，挖掘出欢乐美满的家庭背后所隐藏的秘密和矛盾，塑造出了多个性格鲜明的主妇形象。

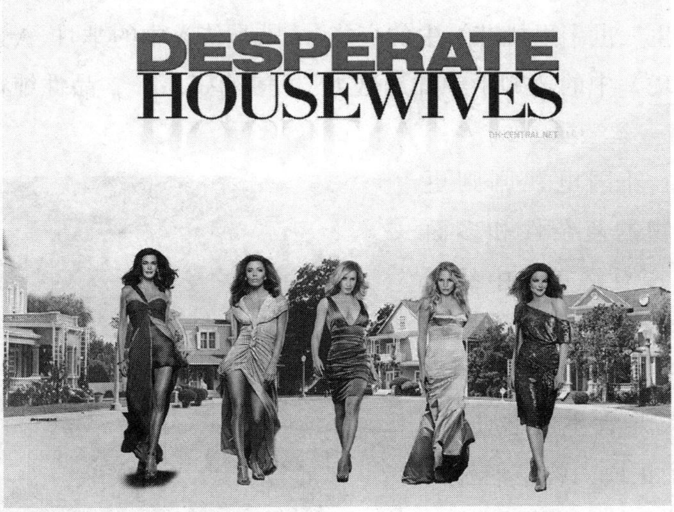

图 6–7　美剧《绝望的主妇》

因监管制度的不同，外国电视剧也常常会涉及一些敏感、小众或边缘题材，包括宗教、种族、暴力血腥、恐怖、两性等。例如，《圣路教》《凯文救世界》等剧讲述的就是有关宗教的故事；《亲爱的白种人》《根》《七秒》等剧探讨了长久以来存在的黑人与白人的种族问题；《真爱如血》以吸鬼血、狼人、精灵为主角，英文名为 *True Blood*，整部剧充斥着血浆满地、血雨腥风、热血沸腾的元素，充满了哥特又暗黑的色彩；《美国恐怖故事》《恐怖大师》都是典型的恐怖题材系列电视剧，在讲鬼怪故事、灵异事件的同时，还上演了触目惊心的谋杀犯罪案，触及宗教伦理、人性善恶、历史轮回、犯罪心理、社会矛盾等众多敏感问题。

二、从电视剧的人物塑造上来看

人物塑造是电视剧的核心，无论中国电视剧还是外国电视剧都给观众塑造了许多形形色色的人物形象，然而中外电视剧在塑造人物形象上仍然有不同的倾向。

从整体上看，中国电视剧更容易塑造单面的人物，好与坏之间泾渭分明，正派与反派的区别一目了然。热播剧《人民的名义》中的主角侯亮平是一个“完美男人”。首先，侯亮平的扮演者是陆毅，他身材高大，长相俊朗帅气，笑容灿烂温暖，从外形上就已经迷倒了不少观众。在剧中，他会炒菜、会武术、会吹口哨，对妻孩呵护万分，对家庭忠贞不二。其次，侯亮平在剧中被设定为人民检察官、反贪局代局长，他睿智正直，坚守公平正义，职业生涯没有一丝污点，信仰坚定从未被动摇，更重要的是他在反贪过程中做的每一个决定都极其正确，从未犯过一个错误，遇到任何困难都能迎刃而解，从未失手，是一个“完美检察官”。这种人物塑造模式在中国电视剧中并不少见，《三生三世十里桃花》中的夜华、《芈月传》中的芈月、《延禧攻略》中的魏璎珞、《醉玲珑》中的凤卿尘等都是这类“完美型人格”，品性纯粹的如同一块无暇的美玉，没有一丝杂质。

相比而言，外国电视剧则更加强调展现人物的复杂性和多面性，例如，《神探夏洛克》中的夏洛克·福尔摩斯就是一个非常复杂的人物形象（图 6-8），作为一名能够解决诸多疑难大案的名侦探，夏洛克无疑是个正面人物，他睿智机敏、反应迅速、知识渊博且热衷于探案，因此获得了不少成功。但是，他性情冷漠、孤僻、执拗、骄傲自负甚至有时接近狂妄。在第一季第一集中，夏洛克就表现出道德观念淡漠，但智商又奇高的特点，剧中警官雷斯垂德这样感叹道：“夏洛克·福尔摩斯是个很厉害的人，我想有一天，如果我们非常非常幸运的话，他可能会成为一个好人。”这句话一针见血地指出了夏洛克这个人物身上的主角光环和品性缺陷之间的矛盾。

图 6-8 《神探夏洛克》中的夏洛克·福尔摩斯

三、从电视剧的叙事模式来看

中外电视剧在叙事模式上各有千秋。首先，西方电视剧在播出制度上强调“季播”概念，一般一周只播出一集，因此呈现出“碎片化叙述”的特点，很少出现长篇叙事。虽然电视剧中的人物主角和人物关系基本稳定，但每一集通常都是独立的小单元，讲述一个基本完整的故事。例如美剧《绿箭侠》讲述了富豪公子奥利弗·奎因在夜晚化身为超级英雄绿箭侠去伸张正义、惩奸除恶的故事，该剧基本按照一集消灭一个坏蛋的节奏进行，因此每一集都独立成章。《神盾局特工》《X 档案》《24 小时反恐》《老友记》等剧都是这样的叙事模式，这样一来观众在每周一集的制度下不必去回忆前情提要，并可以从任何一集进入故事，中间错过一两集甚至跳过多集也不会影响观看体验。中国电视剧由于常以日播或一周多播的形式出现，所以更加强调剧情之间的连贯性，呈现出长时态、长篇幅、力求完整的特点，例如《我的前半生》讲述了生活优越安逸的全职太太罗子君在离婚后经历了种种艰辛坎坷，最后从自我成长中走向人生下一程的故事。在电视剧中，人物的转变与成长是循序渐进的，并且还夹杂着她与闺蜜唐晶及其男友贺涵之间的情感关系的变化，因此，每一集都是人物成长过程中的一部分，一旦断裂，故事就不完整了。

其次，西方电视剧往往偏好多条线索平行叙事，在不同的人物、时间、空间中采用平行、交叉蒙太奇剪辑，推进故事情节发展。例如《我们这一天》主要讲述了杰克·皮尔森在36岁生日那天，和妻子瑞贝卡有了三个孩子，4个同天出生的人有着不同命运的故事。剧集利用平行和交叉剪辑，将三人的童年、青少年、中年时期，以及杰克夫妇的相遇、相爱、相守的过程揉碎了再拼接起来，在时空转换、人物成长中展现了皮尔森一家的家庭史。这样的叙事模式增加了故事的悬念和复杂性，让剧情发展变得更加扑朔迷离，甚至有时候产生出“烧脑”的效果。国内电视剧的节奏相对较慢，沿着时间线索进行叙事，经过铺陈之后徐徐展开，按部就班地推进故事的发展，一般以一条主线为主，所有情节围绕这条主线展开。例如《三生三世十里桃花》讲述了青丘帝姬白浅和九重天太子夜华经历三段爱恨纠葛终成眷属的故事，小说原著其实用了大量的倒叙和插叙结构，而电视剧将这些复杂结构全部推翻，简单化处理，按照时间发展的单线模式来叙事，使故事情节可以徐徐展开。

四、从电视剧的管控制度和播出方式来看

其实，中外电视剧的对比差异源于中外不同的监管制度和播出方式。国产剧在制作、发行及播出的整个生产流程中都要接受严格的监管。国家广播电视总局及其电视剧司的主要职责就是承担电视剧制作的指导、监管工作，组织审查国产电视剧、引进电视剧和对外合拍电视剧（含动画片）的内容，并指导、调控电视剧的播出。例如，2017年，国家新闻出版广电总局、发展改革委、财政部、商务部、人力资源和社会保障部等五部委联合下发了《关于支持电视剧繁荣发展若干政策的通知》（下文简称为《通知》），强调要“坚持以社会主义核心价值观为引领，着重扶持重大革命和历史题材、现实题材、农村题材，着重扶持原创，着重扶持计划在重要时间节点播出的选题项目”，为中国电视剧的题材选择指明了方向。同时，该《通知》还提出“对电视剧、网络剧实行同一标准进行管理”，网络剧在内容、题材、制作与发行方面也越来越规范。这些监管、审查政策与制度有效地保证了我国主流意识形态的表达以及对中华民族传统文化的弘扬，将电视剧作品中色情、暴力、反动等禁忌内容筛查出去，

避免荧屏中大量雷同、低俗的“神剧”出现，维持良好、健康的文化环境，促进电视剧事业的繁荣发展。

外国电视剧的管控制度则根据不同国家的国情而有所不同。一般而言，资本主义国家在监管与审查方面表现得相对较为宽松、自由，只要没有突破法律界限，基本都可以上档。再加上西方影视剧一直实行分级制度，针对不同年龄段的观众有严格的等级划分，有些电视剧的目标对象是成年人，因此在题材、内容、尺度等方面几乎毫无限制，甚至可以说一直在突破极限，出现了大量暴力血腥、成人色情、挑战伦理、不雅用语等元素。所以，西方电视剧能否播映，重点不在管控，而在于该剧是否能够博得观众的眼球，获得较高的收视率，从而赚取商业利益。

从播出方式来看，上文已经讲到外国电视剧的热播时间一般是9月至次年的4、5月，中国则不同，每年两个最主要的热播档是暑期档和春节档，这时候学生放假、上班族休息、合家团聚，正是追剧的好时机，如《三生三世十里桃花》就是在2017年的1月30日大年初三在东方卫视和浙江卫视首播；《小欢喜》则是于2019年7月31日暑假期间在东方卫视和浙江卫视首播。当然，无论在中国还是在外国，热播时间段的竞争都是非常激烈的，因此也有很多电视剧为了避免高压竞争，选择错峰而行，反而取得了不俗的成绩，如美国经典的都市女性电视剧《欲望都市》六季均是从6月或7月开始播出，基本错开了9月之后的美剧高峰期。

“季播”和“周播”制度在中国还没有流行起来，中国的电视剧在播出频率上一般以日播或一周多播为主。电视剧是提高收视率的重要法宝。曾经很多电视台为了提高收视效益，采用每日“十集连播”的方式，特别是在寒暑假时期，几乎完全转型成了“电视剧频道”，虽然让观众看得很过瘾，但是扰乱了电视剧市场和整个电视行业。“团长大战”事件曾轰动一时，2009年，北京、东方、江苏、云南四家上星卫视联合买断电视剧《我的团长我的团》的首轮播放权，为了抢夺收视率开始了荧屏“恶战”：江苏卫视提前“零点首播”，然后宣布每天9集连播，东方卫视推出“精剪版”剧透结局，云南卫视先是“一天重播16集”后又升级为“全天24小时滚动播出”……四家电视台不断出奇招。为了整顿卫视之间恶性竞播电视剧的乱象，广电总局在2010年5月正式实施了“限播令”，规定卫视晚间黄金时段（19:00至21:30）只能播出两集电视剧；晚间时段（18:00至转天凌晨1点）同一部剧播出不得超过3集；白天时段同一部剧播出不得超过6集；每天电视剧播出量不得超过卫视总节目量的45%。同时，“限播令”还规定，每集电视剧时长不得超过46分钟，不得少于30分钟。目前中国电视剧的播出都严格按照此规定执行。一般来讲，日播的电视剧第一轮播出时，无论在电视平台还是网络平台一般每天1—2集；周播电视剧也不是一周一集，而是每周选择几天播出，例如国产剧《花千骨》就是在每周二、周三晚 10 点在湖南卫视播出。

“季播”和每周一集的播出方式目前还无法在中国推行，原因之一在于目前国产剧的剧集数量有不断升高之势，篇幅越来越长，一般都有四五十集，动辄七八十集，例如《甄嬛传》76 集、《延禧攻略》70 集、《知否知否应是绿肥红瘦》78 集、《如懿传》87 集、《娘道》76 集、《白鹿原》77 集……这么长的电视剧若每周只播出一集，要消耗一年多的时间，不太现实。

综上所述，中外电视剧确实存在着很多差异，这是由不同国家的国情制度、政策法规、文化环境、历史背景还有观众的诉求、喜好、收视习惯等多方面因素来决定的。每个国家的电视剧既有着鲜明的特点，也有不足的地方。我们期待全球电视剧行业能够有更多交流的机会，取长补短、择善而从，创造出更多更优质的电视剧作品。

本章思考题

1. 你更喜欢中国电视剧还是外国电视剧？原因是什么？
2. 请从选题、人物、叙事等方面深入分析一部优秀的电视剧作品。
3. 请通过具体案例来分析中外电视剧的异同之处。

第七章　中外电视纪录片解析

本章学习要点

- 电视纪录片的概念、特点、类型与功能
- 中国经典电视纪录片赏析
- 外国经典电视纪录片赏析
- 中外电视纪录片在选题、叙事方式、解说风格等方面的差异

纪录片是影视艺术中最古老的一种形式，首先起源于电影创作，世界上最早对电影的探索就是以纪录片的形式呈现的，1895 年 12 月 28 日，卢米埃尔兄弟在巴黎卡普辛大道的一家咖啡馆里公开放映了《工厂大门》《火车进站》等影片，全部都是以记录真实生活景象为主。1922 年，罗伯特 · 弗拉哈迪创作的《北方的纳努克》公映，片长 79 分钟，是世界影史上的第一部纪录长片，记录了爱斯基摩人纳努克和他的家庭在北极生存与劳作的故事。而后，随着电视的诞生，纪录片也慢慢进入电视荧屏中，成为一种重要的电视节目类型，极大地影响着观众并受到观众的广泛支持。

第一节　电视纪录片概述

“纪录片”一词最早是由罗伯特 · 弗拉哈迪的弟子——英国的约翰 · 格里尔逊提出的，但是他并未对纪录片做出精准、全面的定义和解释。此后，世界上许多学者都对“纪录片”的概念进行了不同的解读，但大多数都是从电影艺术的角度出发的。我国学者任远教授长期致力于纪录片研究，他认为“在电视中制作、播出的纪录片是一种特定的体裁或形式，是对某一政治、经济、文化、军事或历史事件作纪实报道的非虚构的电影或录像节目。纪录片直接拍摄真人真事，不容许虚构事件，基本的叙事报道手法是采访摄影，即在事件发生发展的过程中，用挑、等、抢的摄录方法，记录真

实环境、真实时间中发生的真人、真事"①。这个定义将纪录片作为一个电视节目类型来解释其内涵和性质，并对纪录片的叙事手法、创作手法等多方面都有所解读，被业界广泛认可。

一、电视纪录片的特点

第一，"真实性"是电视纪录片最首要的特点，也是纪录片的生命。从任远对纪录片的概念中我们可以看到，"真实性"体现在四个方面：真实的环境、真实的时间、真实的人和真实的事件，这就强调纪录片需要记录社会生活的原生形态，展现事件的完整过程，排斥虚构和扮演的成分。例如，很多导演在拍摄纪录片的时候会有一个"前期相处"的过程，也就是带着摄影机进入被摄对象的日常生活中并与之相处一段时间，让被摄对象习惯摄影机的存在，从而保证了人物呈现的是真实状态，避免了让素人在摄影机前出现害羞、紧张、焦虑等情绪。因此，电视纪录片的制作者需要在尊重真实的基础上，坚持以真诚、科学和严谨的态度进行拍摄创作。

第二，电视纪录片强调纪实性。如果说真实性是强调纪录片的内容，那么纪实性就是纪录片的创作手法，真实性是通过纪实性来实现的。纪实性首先体现在"伴随式"的记录上，纪录片不像电视剧可以按照剧本来表演和拍摄，也不像专题片提前写好文案与脚本，纪录片在拍摄之前往往只有一个大致的方向、预判或策划，而无法确定、知晓事件会如何发展，也不知道人物将会有何举动。例如，中央电视台第 9 频道曾播出过一部纪录片叫《我是艺考生》，摄制组挑选了几个艺考生，全程记录了他们参加艺考培训和参加考试的过程，但是在拍摄的时候摄制组其实无法确定这几个艺考生将会遇到怎样的困难，又会如何来解决，也不确定他们是否能够考上自己理想的大学，人物命运又是否会发生变化……摄制组能做的就是前期的观察与沟通，然后"伴随式"地记录他们的经历。不仅如此，纪录片一般多采用长镜头、固定镜头、跟踪拍摄的手法来体现纪实的完整性，在声音上也多使用同期声，例如《我是艺考生》第二集《花儿为什么这样红》的第一个镜头就是一个 70 多秒的长镜头，记录了一个练习舞蹈的女孩劈腿下腰的全过程及其同期声，一面是女孩下腰时的嘤嘤哭声，一面是老师毫不动摇的严厉指令，让观众深切感受到舞蹈生练功时的辛苦，这就是纪实的魅力。

第三，纪录片重视对于人文关怀内涵的体现与延伸。近几年来，许多纪录片在选题上都体现出平民化的特点，将目光放在平凡的人与事上，关注与人们真实生活息息

---

① 任远．电视纪录片的界定和创作［J］．中国广播电视学刊，1991（5）：45-51.

相关的问题，反映普通百姓的真情实感，从而唤起观众内心的共鸣感。有的纪录片将镜头对准社会底层人群或被忽视的小人物，以此来引起社会的关注，例如中央电视台播出的纪录片《乡愁》以理性又温暖的情怀，跟踪拍摄了河南民权吴老家村的留守儿童和其在外打工的父母的状况。该片带领观众走进乡村，观察小人物的悲欢离合和起伏的命运，关注留守儿童与农民工的生存状态，从而触动人们心中的悲悯、感动与温暖。

第四，纪录片虽然强调真实与客观，但作为电视艺术的一个分支，也要求给观众带来一定的审美享受，因此必须在纪实与造型之间找到一种微妙的平衡。真实性是纪录片的基础，但与审美并不矛盾。我们真实的生活场景中就有很多美的事物，例如纪录片《航拍中国》以空中视角俯瞰中国，展现了中国东南西北截然不同的地形地貌、气候环境、自然生态，呈现出了一个全新角度的壮丽山河。无需特别解说，这些空中拍摄出来的美丽中国就已经让观众大饱眼福了。另外，拍摄本身是一门艺术，纪录片在保证拍摄内容真实的基础上，在运镜拍摄时可以精心策划和选择，做到既为真实性服务，又能熏陶大众的审美情趣。不仅如此，内在美、内涵美、情感美、人文美也是审美的重要组成部分，例如纪录片《我在故宫修文物》将故宫文物修复人员的工作状态、日常生活以及内心世界展现出来，表现了修复工作者对文物的独特感情，处处彰显了他们严谨认真的工匠精神，无不闪耀着人性之美的光辉。

当然，不同类型的纪录片也会有不同的特点，这些特点让纪录片区别于电视剧、综艺娱乐、电视新闻，成为一种体现真实生活的、具有一定深度的、兼具纪实性与审美性的电视节目。

二、电视纪录片的分类

电视纪录片到底该如何分类？这是业界与学界一直在讨论的问题，不少学者也给出了自己的意见。美国学者比尔·尼克尔斯根据纪录片的拍摄手法将纪录片划分为六种类型：

第一类是诗意模式的纪录片，这种类型的纪录片“作为一种表现现实的手段，偏爱片段拼贴、主观印象、非连贯动作和松散的关联结构”[①]，也就是说这类纪录片重点在于对情绪和情调的传达，而不在于叙事和时空连贯的呈现。比如纪录片《极限运动》就为我们展现了滑雪、冲浪、攀岩等极限运动，其中没有故事情节，也没有人物塑造，旨在展现这些极限运动的刺激与魅力。

---

① 尼科尔斯．纪录片导论［M］．陈犀禾，刘宇清，郑洁，译．北京：中国电影出版社，2007：119.

第二类是阐释模式的纪录片，这种类型的纪录片“直接向观众进行表达，通过字幕或旁白提出观点、展开论述或叙述历史”[①]，一般而言，这类纪录片中会出现大量的解说词，通过对画面中人事物进行详细的描述、说明、渲染，让观众对纪录片的主题和内容了解得更为透彻。这种阐释的手段也被称为“上帝的视角”，例如，英国广播公司（BBC）出品的纪录片《人类星球之河流》就用了大量的解说来解读人与河流之间亦敌亦友的关系。

第三类是观察模式的纪录片，这种类型的纪录片强调创作者“观察场所自然发生的一切情况与现象，观察型纪录片的制作者不得不放弃了诗意型和阐释型纪录片可能采用的所有用于操控的手段，如对现场的搬演、场面调度、置景和构图等”[②]。可以说，观察型纪录片最能够体现出真实性的特点，从旁观者视角出发，完全不介入场景与事件，原汁原味地展现生活原貌，因此这种类型的纪录片很少运用画外解说词和后期配录的音乐、音效。例如，湖北电视台纪录片编导张以庆创作的《幼儿园》就是十分典型的观察型纪录片，摄制组在武汉一所寄宿制幼儿园中观察和记录了孩子们14个月的生活，让孩子们习惯了摄影机的存在。片中几乎没有解说词，只有少量的字幕与间歇的采访，原生态地展现了孩子们的真实状态。

第四类是参与模式的纪录片，这种类型的纪录片与观察模式的旁观性特点刚好相反，它期待“观众感觉到制作者在特定情景中的存在，而且还展现出该情境在制作者的影响下如何发生了转变”[③]。有许多参与式纪录片都采用主持人或记者出镜采访、调查与解说的方式，也有可能由摄影师来充当这个角色，让他们直接介入场景中与人物进行交流，参与事件的发生与发展的过程，拍摄者往往有较强的主动性，和被摄对象之间保持着真实、生动、活跃的互动关系。例如，1991年中央电视台和日本东京广播公司共同播出的纪录片《望长城》就采用了主持人串联的形式，片中的主持人就像导游一样，带领着观众一起考察长城的修建与变迁，向观众全面介绍了长城的历史以及长城脚下的人们的生存状态，成为观众与长城之间的中介。

第五类是反身模式的纪录片，它强调拍摄者与观众之间的关系，通常情况下，由拍摄者将拍摄过程再现出来。观众关注的已经不仅仅是传统意义上的被摄对象，而是纪录片拍摄与创作的过程，换言之，作者及创作过程成为被摄对象，反身模式纪录片也往往成为作者探讨自我成长经历与内心思绪的手段。例如，在香港导演陈巧真拍摄的纪录短片《32+4》中，陈巧真本人就出现在镜头中，通过访问和调动丰富的视觉

① 尼科尔斯．纪录片导论［M］．陈犀禾，刘宇清，郑洁，译．北京：中国电影出版社，2007：121.
② 尼科尔斯．纪录片导论［M］．陈犀禾，刘宇清，郑洁，译．北京：中国电影出版社，2007：126.
③ 尼科尔斯，纪录片导论［M］．陈犀禾，刘宇清，郑洁，译．北京：中国电影出版社，2007：132.

材料去探索父母离异的原因，并以此重新了解和认识了自己的父母。[①]

第六类是陈述行为模式的纪录片，这种类型的纪录片“通过突出主观和情感因素，强调我们对于这个世界的认识的复杂性”[②]。例如纪录片《林来疯》就是利用陈述行为模式，记录了亚裔球员林书豪在黑人与白人占有绝对优势的NBA赛场上努力打拼、永不放弃，最终实现梦想，成为篮球巨星的艰辛历程。该片始终带着对林书豪的支持与鼓励，希望能够通过林书豪的奋斗史来感动观众、激励人心。在陈述行为模式的纪录片中，情感、记忆、原则、信仰、经验、价值观、人生观等都会影响我们对纪录片内容的理解。

除了比尔·尼科尔斯以外，中外许多学者还给出了对纪录片的不同分类方法，中国传媒大学的何苏六、丰瑞在《纪录片创作》一书中就将纪录片依据题材划分为社会人文类纪录片与自然科技类纪录片。社会人文类纪录片主要包括：新闻类纪录片、历史类纪录片、人类学纪录片、社会现实类纪录片等。自然科技类纪录片则主要以自然奇观、科学奥秘等为表现对象。[③]雷建军、钟大年在《纪录片：影像意义系统》一书中从叙事形态角度出发，将纪录片分为纯故事型、内涵故事型、历史认知型、主题宣泄型和主题论证型五种。这些都给我们提供了研究纪录片分类的不同视角，也促进了纪录片类型化的发展。

三、纪录片的功能

纪录片作为与影视艺术共同起步和发展的艺术，其对社会与大众的影响不容小觑。归结起来，纪录片的功能主要有以下几个方面：

第一，记录现实，见证历史。纪录片对于真实性与纪实性的追求，使它成为一种忠实记录大众现实生活、翔实还原事物本来面貌的手段，在国家发展与社会变迁的浪潮中为人类留下了历史记忆和影像财富。例如，8集纪录片《张艺谋的2008》完整记录了张艺谋从2004年雅典奥运会8分钟的失利，再到北京奥运会开幕式的筹备，直到开幕式大获成功这4年里的心路历程，揭开了北京奥运会开幕式的背后故事。这部贴身跟踪拍摄的纪录片是对张艺谋4年筹备过程的现实记录，同时也是关于一个历史事件的见证，见证了全球万众瞩目的2008年北京奥运会开幕式的成功，也见证了张艺谋带领的一批艺术家为了实现中国在奥运会舞台上的惊艳亮相所付出的辛劳与努力。当这部纪录片在电视台播出与重映时，让人们了解了奥运会开幕式台前幕后的不

---

① 李铁成．论香港反身性纪录片——以《坏孩子》和《32+4》为例［J］．当代电影，2017（5）：88-93.
② 尼科尔斯．纪录片导论［M］．陈犀禾，刘宇清，郑洁，译．北京：中国电影出版社，2007：149.
③ 何苏六，丰瑞．纪录片创作［M］．北京：中国传媒大学出版社，2015：15.

容易，唤起了人们对 2008 年北京奥运会的美好回忆，再次重温那段辉煌历史带给我们的感动与骄傲。

第二，探索科学，传播知识。纪录片能够以客观的态度向人们传播自然、科技、文化和社会等各方面的知识，为观众打开一扇认识世界的窗户，丰富着人类的认知和体验。例如英国广播公司制作播出的 8 集电视系列纪录片《蓝色星球》带领观众走进浩瀚而神秘的海洋世界，全面地探索了海洋的奥秘和奇妙的海洋生物，尤其是第二集《幽暗深海》潜入了所有海洋生态中最为神秘莫测、黑暗迷离的深海地带，让亿万观众大开眼界，实现了知识性、真实性、观赏性的统一。

第三，保护文化，传播文化。我们正处于信息爆发式增长、文化快速更迭的时代，因此，在这种“现代性”的冲击之下，许多民族文化的传播渐渐式微，于是不少纪录片将目光投射于这些濒临消逝或被人们遗忘的文化上，承担着记录文化、传播文化、保护文化的功能。例如，西宁广播电视台拍摄制作了非遗系列电视纪录片《即将消逝的文化印记》，目的就是要抢救和发掘日渐濒危消亡的非物质文化遗产，该纪录片展现了异彩纷呈的传统民族民间艺术，走访了数十位非遗文化传承人，讲述了传统工艺的流脉、特色与生存状态，将濒临失传的河湟非物质文化遗产又再次生动、鲜活地呈现在观众面前，是对中国优秀传统文化的保护与弘扬。

第四，愉悦观众，寓教于乐。纪录片不仅能够讲述严肃的历史事件，传播客观的科学知识，记录真实的现实生活，还能够愉悦大众，让观众从观看与欣赏中得到快乐、身心舒畅，这都得益于我们的真实生活本身充满了喜悦与乐趣。2013 年，央视播出了一套由动物星球频道出品的纪录片《萌宠成长记》(英文名：*Too Cute*)，记录了可爱的宠物们从出生到蹒跚学步，再到断奶与成长的过程，瞬间引起了观众的强烈反响。每集开场都是小宝宝们刚出生的模样，这些“喵星人”和“汪星人”简直是卖萌利器，它们一团团软软地趴在小窝中，不安分地扭来扭去，还会伸出粉粉的小爪，发出奶里奶气的叫声，让观众们纷纷在豆瓣评论说“萌得惨无人道”“卖萌无极限”“心都融化了”……与众多严谨、理性的纪录片相比，该片仿佛闪耀着“清新可人”的光芒，对观众来说具有强大的治愈性。

除此之外，纪录片还具有监督社会舆论、推动社会进步、参与政治斗争、呈现情感表达与宣泄等功能，从而受到观众的青睐。

第二节　中外经典电视纪录片赏析

一、中国经典电视纪录片《舌尖上的中国》赏析

《舌尖上的中国》是中央电视台出品的一套美食类纪录片，于 2012 年 5 月 14 日在中央一台的《魅力记录》栏目首播，至今已经播出三季。该片由著名的电视纪录片导演陈晓卿执导，全方位展示了博大精深的中华美食文化，以及与美食相关的中国人物与故事。正所谓“民以食为天”，《舌尖上的中国》准确地抓住了大众对于美食的热爱，为人们提供了一部优秀的“吃货圣经”，因此它能获得广泛的认同与观众基础，成为中国电视纪录片领域的经典之作。我们可以从以下四个方面对该片进行分析与解读。

（一）叙事策略

从叙事理念来看，《舌尖上的中国》记录的是中国美食，表现的是中国文化，面对的是中国受众，因此其叙事理念首先体现出本土化的特点。《舌尖上的中国》立足在中国的广袤土地上寻找美食，并在其中不断加入中国传统文化、中国传统伦理和中国传统哲学，激发出强烈的民族自豪感和爱国情怀。它以中国人为本，用勤劳、质朴的中国普通人民的故事来讲述食物的故事，强调了中国人发现美食、创造美食的过程，以真实的生活质感与平民视角来构筑中国的本土影像。此外，在全球化的语境中，中国电视内容生产呈现出“国际化”的趋势。《舌尖上的中国》虽然拥有强烈的本土特质，但是食物是“无国界”的，对于各国人民来说都无法抗拒美食的诱惑，因此这一题材具有跨地域、跨文化的普遍价值。据悉，《舌尖上的中国》（第一季）最初制定的方案是用柴、米、油、盐、酱、醋、茶来划分七集，从周口店猿人遗址说起，串联中国五千年的历史脉络，而后在多方讨论之下，最终认为要从个案故事出发，从普通人的故事出发，因此最后呈现出来的作品没有过多地渲染中国历史，而是以一种全人类都可接受的叙事模式来操作。这种叙事理念与模式非常接近 BBC、NBC 纪录片的样式。

从叙事结构上看，《舌尖上的中国》承载了大量的中国美食信息，仅第一季的七集就从全国 70 多个不同地方采集镜头，努力绘制幅员辽阔的中国美食地图。为了展现庞大的信息内容，《舌尖上的中国》在结构上主要呈现食物与自然、食物与人之间

的关系，以此来构建整个叙事系统。许多美食都来自大自然的馈赠，例如云南香格里拉的松茸、湖北嘉鱼县的藕、吉林查干湖的鱼等，这些天然的美味具有珍贵的价值。不同的地域产出了不同的食材，这呈现出食物与自然之间的关联。美食与人则是一个密切相关的整体，这种关系亘古不变、坚不可摧，《舌尖上的中国》记录了人对于食物的品尝与制作，更是将人的情感与文化融入食物之中，让每一种味道都浸润着情结，例如大澳郭少芬的咸鱼百年老店、宁波顾阿公顾阿婆的年糕、北京人白波的家庭团圆饭……食物不再只是饱腹之物，而是折射出人文关怀的感动。

从叙事话语上看，《舌尖上的中国》呈现朴素、平实的话语特点，带有明显的亲民烙印。该片的解说者是中国传媒大学教师李立宏，他的声音浑厚、稳重，在叙述的时候娓娓道来，不疾不徐，给人听觉上的舒适、亲切之感，在不知不觉中拉近了影像与观众之间的距离。不仅如此，《舌尖上的中国》的语言形态十分细腻，注重对微观细节的刻画，例如在《时间的味道》一集里有一段解说是这样的："在内地的湖南，稻田里的禾花开了，也到了苗族人制作腌鱼和做腊肉的时节。湘西木材丰富，熏烤腊肉的燃料以硬木为佳，如茶树和杨梅树。熏烤时，要把腌制好的肉挂在取暖做饭的火塘之上，还不断将松果、茶壳、桔皮等放入火塘，这样熏烤出来的腊肉，就会带着茶果的香味。对纯朴的苗家人来说，腌鱼腊肉，不仅仅是一种食物，而且是被保存在岁月之中的生活和记忆，永远也难以忘怀。"从熏烤时节到熏烤燃料，再到熏烤的过程，这段文字体现出了细腻的语言形态和缜密的表达逻辑。《舌尖上的中国》热播之后，这种叙事话语风格在网络上快速流行起来，衍生出了网络文体——"舌尖体"，网友甚至用"舌尖体"来描述股市的跌宕起伏。"舌尖上的XX"也被用来描述各地方的食物，其中，以"舌尖上的母校"系列最为著名，例如"舌尖上的清华""舌尖上的北大""舌尖上的人大"等，校友们在网络上晒出了学校食堂里最受欢迎的美食和菜品，引发转评无数。

由此可见，《舌尖上的中国》基本离开了"自上而下"的话语体系，而倾向于用亲近、平实的表述方式来关注个人、观照社会，呈现了不拘一格的叙事价值。

（二）艺术审美

《舌尖上的中国》不仅烹调了一桌"美食文化盛宴"，也为观众带来了"活色生香"的艺术感受，将人物、食材、自然景观、社会面貌等糅杂在一起，宛如一幅徐徐展开的中国画卷，呈现出较高的审美价值。

《舌尖上的中国》在视听语言上十分讲究，每一个画面、每一个镜头都值得细细品味。片中运用了不少空镜头来传达艺术意境，用大量的特写和近景刻画食物的细节，展现食物那饱满鲜艳的色泽、莹润细腻的质感和精致多样的造型。变速摄影也是片中常用的一种摄影技巧，例如摄影师常常会用降格镜头来表现某一地区随着时间的推移所产生的变化，展示出时间的流逝和沧海桑田的意境。在剪辑上，片中多使用交叉和平行剪辑的方法，在一集节目中围绕着某个主题，将多个不同地域、不同时令、不同民族的美食剪辑在一起，共同构成更深层次和更强大的意蕴空间。《舌尖上的中国》的背景音乐无论在旋律、节奏、和声还是音韵等方面都与画面配合得恰到好处，主题曲《劳作的春夏秋》用快速激进的弦乐与高低跳跃的木管乐表现出春季的万物生发，用双簧管甜美的声音表现夏日的凉凉微风，用叮咚作响的打击乐表现忙碌而充实的秋收劳作，为纪录片增添了艺术情韵，这些音乐也被多次应用于其他美食类纪录片中。除此之外，该片在色彩、光线、影调、同期声等方面也处理得十分得当，可以说是一部在艺术上精雕细琢的诚意之作。

因此，《舌尖上的中国》凝聚了独特的审美特征，这主要体现在美的食物、美的景物和美的人物三个方面。

该片通过各种视听语言技巧，展现了美的食物，例如雪白面上一点红的脚板年糕、透明澄亮的莲藕、红火火的剁辣椒、白白胖胖的小汤包、肥瘦相间的火腿、八卦形状的世界最大火锅、金黄多汁的白切鸡、热腾腾的嘉兴肉粽、小巧可爱的烧麦、青翠欲滴的绿叶蔬菜、色泽艳丽的各式甜品……影像作品虽无法传递“香”和“味”，但是光凭着一道道美食的“色”相就能从最深处调动人们的味蕾，让观众不禁“口水与泪水齐飞”。

片中展现了美的景观，例如在《自然的馈赠》一集中展现了云南香格里拉的美丽风光，高原辽阔、碧天卷云，恍如仙境，让人看了心旷神怡。除此之外，片中还展现了盘旋着一道道弯的陕北高原、天空辽阔的乌珠穆沁草原、古色古香的建水古城、繁忙拥挤的香港、拥有漫长海岸线的天然港湾霞浦、潮湿多雨的四川盆地、海产品富甲一方的獐子岛、西藏最富庶的农业区日喀则、传统与现代并存的繁华都市北京……食物以景物为依托，景物因食物而有了烙印。

这些美食与美景皆是通过“美人”来串联的，这里的“美”并不指代外表的美丽，而是表现出人物的心灵美与真善美，例如在《主食的故事》一集中，陕北黄老汉靠着黄馍馍过日子，他卖的馍馍香软好吃，价格实惠，一个只卖一块钱。黄老汉半生辛劳，养育了一儿一女，但他还是喜欢跟老伴儿住在乡下，过得自足而踏实，这就是一个真实平凡的中国老百姓，虽朴实无华但充满力量。片中还塑造了许多形形色色的中国劳动人民形象，有勤劳淳朴的藏民卓玛、坚忍的职业养蜂人谭光树、思乡情切的华侨程世坤、乡村厨师群体“铲刀帮”、克勤克俭的准妈妈梦露……这些平凡人身上无不闪耀着中国人民勤劳、质朴、善良、纯真、乐观、节俭的特质，彰显了艰苦奋斗、自强不息的民族精神，在平凡的生活节奏里给予观众不平凡的感动。

（三）文化传播

《舌尖上的中国》不仅仅是一部以食物为主题的纪录片，更是潜移默化地传播了中国博大精深的饮食文化和民俗文化。

东方的饮食文化体系大约产生于8000多年前，在世界三大饮食文化体系中拥有最为悠久的历史，而中国的饮食文化则在东方饮食文化里占据了中心地位。摄影机的镜头带着我们走遍了中国960万平方公里的广袤土地，领略了东西南北不同地域的饮食文化，例如南方淡水湖泊较多，淡水产食物丰富；北方冬季寒冷，偏爱高脂肪、高蛋白质的食物；青藏高原的酥油和青稞是藏民们必备的食物；牧区则盛产优质的奶制品……在这之中，我们看到了北方的五谷杂粮，也看到了南方的鱼米之乡。中国的烹饪文化也极其丰富，炒、蒸、炖、焖、煎、熬、煮、烧、烩、熏、煲、卤、酱、腌、煸、捞、烘、馏、煨、炸……各色食材在不同方式的烹饪下“变幻”成一道道精美的菜肴，这其中蕴含着的是中国几千年流传下来的传统技艺与饮食文化。

从这些丰富多彩的饮食文化中我们也能窥探到中国大地上不同的民俗文化，例如春节是一年之中最重要的节日，在每年这样一个团圆与幸福的节日之中，饺子是必不可少的食物，《主食的故事》一集中就记录了北京人白波全家在除夕夜吃饺子的场景。饺子寓意更岁交子，是大年三十的团聚时光里，任何山珍海味都无法替代的佳肴。《厨房的秘密》一集中则讲述了广东顺德均安镇的重阳节食俗，在重阳节这一天的傍晚，每村都会举行大型的村宴，热热闹闹堪比过年，这种习俗提醒着年轻人要秉承“尊老敬老”的美德。这样的民风民俗在《舌尖上的中国》里比比皆是，婚嫁、乔迁、寿诞等日子中都有着精深、热闹又有趣的民俗文化，这其实是中国人在适应不同地域与环境中所体现的集体智慧，也是扎根在民族血脉中的文化因子。

中国的山珍海味数之不尽，但对于很多人来说，妈妈做的菜肴、儿时的味道才是最难忘的。《舌尖上的中国》往往以家庭和家乡作为拍摄的基本单位，将家庭温情与家乡眷恋融进食物之中，展现出浓浓的“家”文化。美食的故事都与“家”产生了千丝万缕的联系，美食的烹饪技艺包含了主人公对家的感悟、对乡的思念和对亲情的呵护。正是有了远离家乡、在淤泥里行走的挖藕人，才有了莲藕排骨汤的温暖；有了阿公阿婆浸米、磨粉、蒸粉、舂捣的辛苦，才有了全家团聚吃年糕的温馨；有了将虾和盐搅碎后放在竹筛上晒太阳的简单，才有了老夫妇共赏日落的相濡以沫……[①] 在现代社会里，许多人背井离乡，行走在繁华都市里，抹不去的是内心深处的一抹幼时的味道，是怀念逢年过节才能亲人团圆的家宴，还有隔着千山万水对故土乡情的思念。

《舌尖上的中国》是近几年电视纪录片中较为真诚、厚实、专业的作品，开启了这类纪录片的先河，在它之后又涌现出许多以美食为主题的纪录片，如《风味人间》《城市的味道》《水果传》等，都在建构食物、人、自然、文化、社会之间交融呼应的关联。

二、外国经典电视纪录片《蓝色星球》赏析

众所周知，海洋占地球表面积约 71%，从太空望向地球，看到的几乎是一个蓝色的水球，因此，当英国广播公司（BBC）决定拍摄以海洋及其生物的奥秘为主题的纪录片时，就采用了《蓝色星球》这个名字。《蓝色星球》第一部最早于 2001 年 9 月 12 日在英国首播，一经播出就引起了巨大的轰动。时隔十六年，历经四年拍摄，《蓝色星球》第二部又于 2017 年 10 月 29 日华丽亮相，带给人们无限惊叹。从海岸到海底，从浅海地带到深海海底，从极地海域到珊瑚岛礁，从大西洋到太平洋，《蓝色星球》系列纪录片带领观众遨游于未知的海洋世界，讲述海洋自然历史，探索那些令人惊异的海洋景观及匪夷所思的新生物种，是值得我们细细赏析与学习的经典作品。

（一）探索精神

《蓝色星球》第一部一共八集，是由英国广播公司自然历史部费时五年制作完成的，制作人是艾雷斯泰·法瑟吉尔。艾雷斯泰从 1992 年开始担任英国广播公司自然历史部主管，并在次年制作了纪录片《寒冷世界生物》，收获了不菲的成绩。许多观众表示喜欢这部作品的原因为，南极是一片荒野，也是人类鲜少触碰的地带，那种神秘与未知让人们非常向往，《寒冷世界生物》成为大众了解南极的窗口。这件事情给了艾雷斯泰很大的启示，他开始思考地球上还有哪些地方是大家未曾开掘过的，于是“海洋”跃入了他的脑海。艾雷斯泰在一次采访中说：“想想看地球上有十分之七的地方是被海洋所覆盖的，我们却只探索了其中的百分之一或二，那里的确是唯一还没有被开拓的处女地。有太多的生物还没有被观赏或是描述过，更别说拍摄了。那里同样也是大自然的力量最伟大的地方，我觉得每个人都会被海洋所感动，被海洋的力量所慑服。我觉得如果我们可以捕捉到这些壮观的动物，然后探索这最后的领域，让人们

---

① 倪祥保，沈莲莲 .《舌尖上的中国》与《面条之路》比较研究［J］. 中国电视，2013（1）：54-57.

感受到海洋的力量……”[①]

正是因为这样的初衷，《蓝色星球》系列体现出了对自然界的探索精神。第一部《蓝色星球》纪录片的筹备与研究工作始于 1996 年，前后耗时五年，摄制组在全球近 200 处地方进行取景拍摄，把人们引入了深不可测的海洋，探索了人类从未触及的地域与生物。第二部《蓝色星球》将探秘海洋的脚步又往前推进了一步，从 2013 年开始筹备拍摄，经历了 100 多次的冒险，几乎涉及了所有大陆和海洋，水下拍摄时长达到 6000 多小时，为人类贡献了珍贵的海洋影像。在《蓝色星球》系列中我们看到了滔天的海浪、不断涌动而吸引了丰富生命的深海洋流、栖息于东太平洋海底山周围的几百条白眼鲛鲨、海底山创造出的海上绿洲、水流网形成的巨大环流系统、40 万只集体上岸产卵的橄蠵龟、场面壮观的鲱鱼繁殖与产卵、在深海地带蚕食动物尸体的盲鳗、巨大而透明的片脚类动物、两翼张开总长达 5 米的巨大蝠魟、太平洋小岛边上跳着“求偶舞”的粗皮鲷群、挤在北极的狭小冰间湖中呼吸的白鲸群、栖息于赛不岛的地球上最大的灰海豹族群、合作捕食的章鱼和鳃棘鲈、爱玩“抓珊瑚”游戏的宽吻海豚家族……

摄制团队借助全球海洋学家与顶尖科技，冒着生命危险潜进海洋中的未知盲区，与神秘的海洋生物亲密接触，体现出了探险家一般的精神与意志。《蓝色星球》第二部的每集结尾都会用 10 分钟来讲述这一集中令人惊叹的场景是如何拍摄的，有时候这 10 分钟的拍摄花絮比前面 50 分钟的内容还精彩。例如，为了拍摄深海领域的画面，制作人和摄影师在 1000 米（人类能下潜的最远距离）以下的潜水艇中呆了超过 500 个小时，最后，他们拍到了巨型章鱼蚕食同类的画面，这是人类第一次拍到这个场景；导演和摄影师在拍摄海象时不小心暴露了位置，被 50 头长着巨齿的海象包围，船上几个人顿时一动不动装死，只有摄影师的手还在控制拍摄，其中一头海象看到了摄像机中自己的样子，用尖利的象牙戳向摄像机，留下两条深深的划痕；潜入海下用手持拍摄的摄影师则更加危险，其中一位摄影师在礁石区拍摄小丑鱼时，把手插进了砂石中来固定位置，不料正中了石头鱼的埋伏，指尖瞬间飘出了血丝，尽管他们迅速回到岸上进行消毒，但摄影师的手指还是持续发黑了一周。正是这些幕后人员的惊险付出，才令我们能从《蓝色星球》系列中看到如此美丽而奇妙的画面。

（二）叙事策略

《蓝色星球》系列在叙事层面上不是一味地讲解与科普自然知识，而是常常将海

① 喻溟 . 自然历史纪录片的大片逻辑——BBC 纪录片《蓝色星球》全案研究［J］. 中国电视（纪录），2013（3）：72-85.

洋生物“拟人化”，赋予动植物人格、性格与更为复杂的感情和关系，把它们的行为和心理通过拟人化手法传达给观众，呈现出故事性与科教性并重的效果。例如展现生活在海葵里的小丑鱼时，影片就把小丑鱼群当成了一个人类家庭在描述，片中提到在“在这个家庭里发号施令的是大雌鱼”“体型小巧的雄鱼得证明自己的价值，所以它总是不知疲倦地干活，总体上熟练地掌握家务”，而后又提到“雌鱼开始产卵，它们有了一个安全的婴儿房，它（雄鱼）总算证明了自己是一个称职的父亲”，这就是将雄鱼和雌鱼比拟成了人类的父亲母亲，将雄鱼塑造成一个勤劳勇敢、任劳任怨的“父亲”形象。这种拟人化的手法让叙事变得更加生动，易于观者接受。

《蓝色星球》在叙事上也常常通过设置悬念来增强影片的吸引力，以此来勾出观众紧张、好奇的心理情绪，调动观众的观影兴趣。例如在《绿色海洋》一集中，在讲述鲨鱼捕捉章鱼时就设置了层层悬念，首先，章鱼为了躲避鲨鱼而藏进狭小的礁石缝隙中，这就引出了第一层悬念：鲨鱼能找到章鱼吗？章鱼真的能成功躲过一劫吗？其次，当皮糙肉厚的小型鲨鱼“睡袍鲨”将裂缝拱开并成功捕捉到章鱼后，观众一定认为章鱼凶多吉少，而解说却说道“章鱼离死亡还很远着呢”，这里设置了第二层悬念：章鱼已经“羊落虎口”了还能如何绝地逢生？原来章鱼会将腕足溜进鲨鱼的腮里，导致鲨鱼无法呼吸，只好放走章鱼。最后，片中讲述“章鱼身处危险地带时，会做出一件让人意想不到的事，并且从未被记载过”，留下了第三层悬念：章鱼到底用什么“花样”来规避风险呢？这再次引起观众的好奇，继而解密章鱼竟然会利用一堆贝壳做出一个防护器具来掩蔽自己，从而安全逃脱。随着叙事的展开，这三层悬念层层递进并逐渐被揭晓，展现了在危机四伏的海底世界中，章鱼“高人一等”的才智。这些悬念层层递进，让观众体会到一种类似观看悬疑电影的情绪和氛围。

《蓝色星球》中展现了海洋生物及动物之间各式各样的矛盾，它们之间会因为生存而产生强烈的冲突，宁静的蓝色海洋之下往往埋藏着重重杀机。例如在记录虎鲸与灰鲸之间的斗争时就将海洋中的弱肉强食和物竞天择的残酷生存法则展现得淋漓尽致。在这个片段中，灰鲸妈妈带着灰鲸宝宝迁徙觅食，却被有着“海上霸主”之称的虎鲸群悄悄盯上了，一边是护子心切、孤立无援的灰鲸妈妈，一边是骁勇善战、凶残无比的虎鲸团伙，影片在叙述时详细讲解了虎鲸的进攻战术，将岌岌可危的灰鲸母子和狡猾残忍如狼群般的虎鲸团伙对立起来，同时配合着紧张的音乐和快节奏的剪辑，不断激化两者之间的矛盾与冲突，让这个情节如同动作大片一般精彩可观。

（三）艺术审美

《蓝色星球》被称为“瑰丽无比的海洋史诗”，这不仅是因为它探索了从极地冰川到热带海域、从浅滩砂石到黑暗渊底的海洋奥秘，还因为它创造了美妙的视听效果，将神秘的大自然记录在了让人目不暇接的影像镜头之中。

在视觉呈现方面，最突出的特点便是镜头的平稳与从容。《蓝色星球》的画面美得令人窒息，几乎每一帧都可以做成壁纸，既有恢宏大气、广袤无边的海洋景观画面，也有突出极致细节的海底动植物的近景与特写，体现出仪式化和电影感的特点。如在第一季的开篇画面就是一只蓝鲸悠闲地在一片汪洋之中游弋，用远远的鸟瞰和延时长镜头展示了它长 30 米、重 200 吨的庞大身躯，给人强烈的视觉冲击感；但同时片中也有细节画面来刻画蓝鲸的背、尾、鳍、纹路等。该片镜头运动平稳，剪辑节奏缓慢，不断彰显着海洋的宏大、广度与深度，烘托了一种对茫茫大海的敬畏之意。不仅如此，《蓝色星球》的影像在保证真实性的基础上，也未降低对艺术性的追求，极力营造出充满意境与诗意的唯美画面。例如一群座头鲸在水面下沉睡的画面，它们笔直、静止地停在平静而湛蓝的海水中，像悬挂在天空中的巨石一般，有种神秘、迷人、静默的力量，让人从心底涌起一种类似原始崇拜的感觉。大量升格和降格手法形成了独特的审美氛围，升格镜头多次被用于拍摄动物的运动中，让人们能够看清楚飞鱼跃起、海豚遨游、章鱼捕猎、鲨鱼嗜血等精彩而快速的动作；而降格镜头则能够持续地呈现出时间的流逝与万物的变迁，如浮云舒卷、潮涨潮落、植物生长、地貌更迭等。

《蓝色星球》第一部的画面就已经让人叹为观止了，十六年之后，不断革新的拍摄技术和潜水技术带来了视觉美学的再次提升，循环呼吸机、红外水下摄像机、60 厘米半球形摄像机、微型广角镜头、水下探测摄像机、科学考察船、潜水器、高清无人机、吸盘摄像机等高科技的运用为我们捕捉到了更加精彩绝伦的画面。例如，《蓝色星球》第二部与美国盖茨豪辛公司合作制造了直径为 60 厘米的半球型摄像机，第一次实现了聚焦分层拍摄，使观众可以同时清晰地看到水下和水上的场景。《蓝色星球》第二部中的一张经典海报就是这样完成的（图 7-1），一半水上一半水下，共同呈现了海象在冰山上休息的场景。该片的 4K 画质十分惊艳，片中每一个画面都清晰得让人惊叹，如猪齿鱼白色的小门牙、海象嘴部的须毛、海星身上的细小触角、巨型乌贼身上的纹路，还有姹紫嫣红的珊瑚、色泽斑斓的深海生物等，都看得一清二楚，可谓是真正的视觉盛宴。

图 7-1 睡在冰面上的海象

而在声音方面，两部《蓝色星球》不仅让观众领略了大海之美，而且还带领观众徜徉于激情壮阔的音乐之旅中。片中以交响乐为主旋律，广泛采用了流行乐、电子乐、民谣等不同类型的音乐，音乐伴随着画面和情节而变动，或舒缓，或急促，或沉静，或激昂，不仅加深了视觉感受，表现出海洋的律动感，同时也突出了故事情节的戏剧化以及海洋生物的生命力。比如当蓝鲸如机翼一般的尾巴跃出水面时，管弦交响乐逐渐变得强劲而磅礴，仿佛在强调这一重要时刻，造就了一种庄严感与仪式感；当数千只塘鹅、数百只短尾白眼鲛鲨、千百头海豚、巨大的布氏鲸共同猎捕沙丁鱼群时，海面一片沸腾，搭配的是紧张激荡、节奏感极强的音乐，烘托这一壮观的捕食场面；当成群的憨态可掬的海獭聚在一起漂浮在海面时，配合着温馨、轻快的音乐，表现出海獭群重获新生的喜悦……画面与声音配合在一起，谱写了一首展现浩瀚壮阔、美丽浪漫、刺激血腥、温暖感人、优雅可爱等多样与复杂的意境的海洋交响诗。

（四）生态反思

《蓝色星球》所带来的震撼来自两个方面，一方面是海洋的壮阔、瑰丽与神秘，另一方面则是海洋正面临着人类活动所造成的污染与破坏，这部自然史诗巨作敲响了生态环境保护的警钟，提醒人类对自我行为的反思。在第二部《蓝色星球》中，几乎每一集都会提及人类对于海洋的负面影响，例如二氧化碳排放量的上升，全球温度变暖，使原本姹紫嫣红的珊瑚礁迅速白化并死亡；冰山大块大块地融化，让很多海象找不到落脚休息的地方；海水污染让鲸鱼妈妈的母乳变成了毒汁，直接杀死了鲸鱼宝宝，鲸鱼妈妈舍不得自己的孩子，一直用嘴叼着宝宝的尸体在海里游走；小丑鱼想要寻找一块坚硬的壳来产卵，不料却捡到了一个沉入海底的塑料瓶……可见，整个海洋生态系统处在崩溃的边缘。影片中记录了无数可爱的生灵葬送于此，场面让人触目惊心。

因此，《蓝色星球》是一部既有笑点也有泪点的电视纪录片，既让观众沉醉于海洋的无穷魅力之中，但同时也让观众从中看到了人类种下的恶果，提醒人们保护海洋生态的重要性。

无论如何，《蓝色星球》是公认的史诗级大作，它以其精美的画面、精彩的叙述以及对未知海洋世界的探索引发了全球关注，达到了知识性与观赏性的统一，不断颠覆与冲击着人们的价值观和世界观。它带领着观众驶向令人心驰神往的汪洋，体验大海最为野性的一面，去认识那些令人惊异的新景观和匪夷所思的新生物种，让我们仿佛坠入了一个魔法世界。

第三节　中外电视纪录片对比

由于社会文化背景、思维逻辑方式、政治制度环境、宗教信仰、价值认知与取向等方面的不同，中外纪录片在创作手法、主题表达、理念思路、呈现方式上都存在着一定的差异。英国广播公司（下文简称为BBC）、美国探索频道、美国国家地理频道等出品的纪录片被许多国家广泛引进与播出。中国的纪录片在多年的探索和努力下也在不断创新发展，取得了不菲的成绩，特别是在2011年1月1日CCTV-9纪录频道正式开播以后，播出了许多优秀的纪录片，如《舌尖上的中国》《城市24小时》《航拍中国》等，形成独具特色的中国风格。本节内容将探讨中外纪录片的差异。

一、中外纪录片在选题范围上的差异

纪录片的题材其实可以说几乎没有限制，如社会生活、新闻事件、自然科学、地理生态、动物世界、历史变迁、文物古迹、名人轶事、人文艺术，等等，大千世界、花花万物都可以成为纪录片拍摄的对象。相较而言，中国纪录片在选题上比较注重本土特色，而外国纪录片热衷于在全世界搜罗形形色色的选题。

举例来说，在BBC出品的纪录片中，自然题材纪录片一直以来都是“镇台之宝”，但是BBC选取的拍摄对象从不局限于英国境内，例如《地球脉动》《人类星球》《蓝色星球》《冰冻星球》等系列纪录片，都是站在地球之上的高度去俯瞰和探索

整个地球的奥秘，这颗星球中的所有自然、生态以及人与自然的关系都成了BBC纪录片的拍摄题材。《地球脉动》是BBC在2006年播出的11集自然纪录片。为了制作这套纪录片，BBC耗费巨资、历经多年，摄制组为了拍到人类未见过的自然与动物，冒险走进地球最遍远和危险的地方，并运用了最尖端的拍摄技术，将视野扩展到这个星球上最难到达的区域，并与那些最可爱、最野性、最难得一见的动物亲密接触。于是，该纪录片带我们领略了冰天雪地的南极与北极、雄伟高耸的珠穆朗玛峰、巴基斯坦的喀喇昆仑山脉、神秘的委内瑞拉平顶山区、东非大裂谷内的世界最大淡水湖、世界上最古老的湖泊——贝加尔湖、地球上的超级大河亚马逊、深达400米的墨西哥燕子洞、越南下龙湾的石林、世界上最大的地下河隧道——婆罗洲的鹿洞、沙暴肆虐的撒哈拉沙漠、纳比米亚的巨型沙丘、天堂鸟的栖息地新几内亚岛、赤道附近的荒凉浅海、美丽的印度尼西亚珊瑚海等许多人类并未触及的神秘又迷人的自然生态环境。《地球脉动》的足迹遍及世界各个角落，视野开阔无边，画面精美震撼，让人大开眼界、赞叹不已。近年来，BBC仿佛不再满足对地球的探索，在2019年重磅推出的纪录片《行星》中，BBC又将镜头对准太阳系，用5集故事讲述了八大行星的生命故事以及它们的未来命运。

不仅如此，从2000年开始，BBC拍摄了30多部关于中国的纪录片，包括《中国新年》《中华的故事》等，内容涉及中国的政治、经济、文化、社会、宗教、历史、生态等各个方面，折射出西方视角下中国形象的建构和传播。

相比而言，中国的纪录片更偏向于记录我国的现实生活与历史人文，例如CCTV-9纪录片频道热播的纪录片包括《如果国宝会说话》《舌尖上的中国》《航拍中国》《大数据时代》《记住乡愁》《创新的力量》《传承》《海昏侯》《稻米之路》《手术两百年》《一条溪流的朋友圈》《城市24小时》《铭文短剑》《北漂爱情故事》《天下徽商》《兴安岭上》等等，展现的内容基本都是在国土范围之内，并且以社会现实、民族文化、当代生活为主。当然，近年来也出现了《魅力阿根廷》《魅力巴布亚新几内亚》《魅力柬埔寨》等反映外国风土人情的纪录片，但毕竟还是少数。

二、中外纪录片在叙事方式上的差异

在“娱乐至死”的时代，观众对于纪录片的要求越来越高，早已不满足于只从纪录片中获得真实世界的信息，还希望能够拥有趣味性、愉悦性的观看体验。科教型、说教型的风格早已不入观众的眼，因此，国外的纪录片团队始终在尝试用不同的叙事手段来迎合观众越来越挑剔的胃口。

近年来，国外纪录片呈现出故事化与戏剧化的倾向，通过镜头语言、素材选择、后期剪辑、旁白配音等手段，在尊重真实的基础上，刻画主角鲜明的个性特点，激化矛盾与冲突，从而让原本平凡的生活出现起承转合、一波三折的戏剧效果，使内容更具可看性。例如，BBC 在 2018 年播出的具有里程碑意义的纪录片诚意之作《王朝》，就是通过拟人化、戏剧化的方式，展现了五种动物族群中有关生存、家族、领袖与权力的大戏，呈现各种动物所面临的王朝更迭、权力斗争、内忧外患，“剧情”惊心动魄，激烈的竞争程度丝毫不逊于人类社会，可谓动物界的“权力的游戏”。总制片人迈克·冈顿在接受采访时也曾说：“这是史上最具戏剧性和最激烈的同类故事之一。”那么如何来建构这个戏剧性呢？

首先，该片给每个“动物主角”取了名字，这不仅便于观众辨认与记忆，还似乎让动物有了类人化的属性，更重要的是赋予了动物不同的性格脾性。其次，该片完全颠覆了传统的科普讲解，重点不在于介绍动物的生活习性，而在于呈现动物之间错综复杂的矛盾关系，试图塑造一个充满权力斗争、家族背叛的动物世界。例如《王朝》的第一集就以西非塞内加尔撒哈拉沙漠边境的黑猩猩家族首领戴维与“谋篡者”卢瑟之间的王权争夺展开，统治族群长达三年之久的黑猩猩戴维面临着年轻黑猩猩卢瑟和其他雄性的挑战，为了守住王权，一直独来独往的戴维开始选择与同伴结盟，共同抗敌；而当遭到围攻之后，戴维身负重伤，曾在死亡线上挣扎；最终，这位大难不死的王者重新燃起斗志，毅然决然地举起了复仇的旗帜。这活生生是一部权谋大戏的剧情。最后，该片用了大量的悬念设置：四面楚歌的戴维能保住“王位”吗？浑身是血、晕厥在地的它就这样死了吗？它还能站起来夺回“王位”吗？这些悬念深深吸引着观众，成为纪录片营造戏剧化的重要手段。

这种戏剧化的叙事方式摆脱了纪录片自然主义的消极刻板，增强了戏剧性冲突和情感，让动物的世界里充满了权谋、欺诈、凶悍、隐忍、悲壮、温情、钩心斗角、拉帮结派、审时度势……将残酷的丛林生存法则向人类社会生存法则靠拢。然而，也有观众与学者提出质疑，这是否违背了“真实性原则”呢？

相比而言，中国的纪录片在叙事手法上比较传统与朴实，更加倾向于采用比较纯粹的纪实风格。例如在纪录片《人世间》第 2 季第 9 集的《抗癌之路》中，摄制组耗时 200 多天跟拍了一位乳腺癌晚期患者、大学青年教师闫宏微与癌症斗争的故事，讲述了她在抗癌之路上迎接的一场又一场战役：长期化疗、赴美求医、赴港求药、癌细胞扩散……闫宏微有着强烈的求生欲望，她在丈夫的陪伴下坚持积极配合治疗，努力抓住一切可以活下去的机会，一天都未曾怠慢。然而事与愿违，一次次的希望总是被无情的事实所浇灭。闫宏微的抗癌之路一波三折、跌宕起伏，但是该片并未刻意去激化矛盾，或者大肆渲染“命运不由人”的悲情，而是相对完整和客观地将抗癌之路上的重要事件表现出来，用真实的故事与情感去打动观众。

三、中外纪录片在解说风格上的差异

解说词是纪录片中的一个重要组成部分，大部分纪录片都或多或少地使用解说词，具有叙事功能、补充和强化功能、连接结构功能以及抒情表意和提炼升华的功能。中外纪录片在解说风格上存在一定的不同。

中国文学博大精深，许多纪录片的解说词都具有深厚的文学底蕴，在遣词造句上十分讲究，运用多种修辞手段对各类事实进行描述，展现中华文学之美。例如纪录片《问道武当》的第一集是这样开头的：“游走于高山之巅，千百年来，他们固守着一份别样的生活。究竟是什么吸引着芸芸众生，让这座绵延八百里的大山成为所有问道者心中的圣地。是历经六百年风雨仍恢弘如初的建筑，是云雾掩映中如山峦般波澜壮阔的历史，还是穿越时空追寻了两千多年的一个梦想……”这段解说词念出来如诗一般优美，雕文织采，文辞美妙，排比句层层递进，显得节奏和谐、情感充沛。播音员的声音浑厚富有磁性，语调抑扬顿挫、款款而谈，配合着画面为观众描述了一个似仙山奇境、古老宏壮的武当之巅。

中国历史悠久的古诗词文化也被引用到解说词创作中。如在纪录片《徽州文化》中，解说词就引用了李白的诗句“清溪青我心，水色异诸水，借问新安江，见底何如此”来表现新安江的清澈水流、细浪如沙；引用《咏西递》中的诗句“青山云外深，白屋烟中出。双溪左右环，群木高下密……”来形容徽州村落的诗情画意；引用陶渊明《桃花源记》中的名句“土地平旷，屋舍俨然，有良田美池桑竹之属；阡陌交通，鸡犬相闻，其中往来种作，男女衣着悉如外人，黄发垂髫，并怡然自乐”来形容徽州美好、淡然的田园生活与民俗风貌……古诗词的引用让整篇解说词体现出风雅古典的意蕴，与广博、深邃的徽州文化相得益彰。

国外纪录片的解说风格则要简单得多，解说词一般类似于记叙文似的平铺直叙，强调结构的逻辑性与系统性。播音员的语调通常冷静平稳，情绪和情感的表达相对内敛。纪录片《蓝色星球》开篇就解说道：“即使是这个星球上生存过的最大的动物，却也因为海洋的辽阔而显得渺小，它就是蓝鲸，身长 30 米，体重超过 200 吨，它远比体型最大的恐龙还要大。它的舌头有一头大象那么重，心脏也有一台汽车那么大，它身上的某些血管非常宽，甚至可以让我们从中游过。它的尾鳍就有一台小飞机的机翼那么宽。蓝鲸的流线身形接近完美，让它能够以 20 海里的速度航行，它是海洋中游行速度最快的动物之一。作为海洋生物中体型最大的蓝鲸，它的食物却是海洋中最小的生物之一，就是磷虾，一种身长只有数厘米的甲壳类动物。磷虾会在浅滩聚集而将海面染成红色，一只蓝鲸一天之内可以吃下 4 千万只磷虾……”尽管画面中是一只巨型蓝鲸在大海中游弋，场面震撼，音乐也磅礴大气，但是解说并未转向于抒情的风格，而是仅为观众提供必要的数据与信息，坚持客观的立场。

综上所述，中外的电视纪录片在题材、内容、表现形式和创作手法等方面已经发展得十分成熟，给观众贡献了许多优秀的经典作品。

本章思考题

1. 电视纪录片的特点和功能是什么？
2. 请通过具体案例来分析中外纪录片在选题视角上的差异。
3. 请通过具体案例来分析中外纪录片在叙事方式上的差异。

图书在版编目（CIP）数据

中外电视节目解析 / 周榕，方俊编著 . -- 北京：中国传媒大学出版社，2022.12
（2024.8 重印）
ISBN 978-7-5657-3151-8

Ⅰ . ①中…　Ⅱ . ①周… ②方…　Ⅲ . ①电视节目—对比研究—中国、国外
Ⅳ . ① G222.3

中国版本图书馆 CIP 数据核字(2022) 第 011175 号

中外电视节目解析

ZHONGWAI DIANSHI JIEMU JIEXI

编　　著	周　榕　方　俊		
责任编辑	黄松毅		
特约编辑	李　婷		
责任印制	李志鹏		
封面设计	拓美设计		
出版发行	中国传媒大学出版社		
社　　址	北京市朝阳区定福庄东街 1 号	**邮　　编**	100024
电　　话	86-10-65450528　65450532	**传　　真**	65779405
网　　址	http://cucp.cuc.edu.cn		
经　　销	全国新华书店		
印　　刷	三河市东方印刷有限公司		
开　　本	787mm × 1092mm　1/16		
印　　张	9.75		
字　　数	185 千字		
版　　次	2022 年12月第 1 版		
印　　次	2024 年 8 月第 2 次印刷		
书　　号	ISBN 978-7-5657-3151-8/G · 3151	**定　　价**	39.00 元

本社法律顾问：北京嘉润律师事务所　郭建平